順服的妻子

找回夫妻間的親密、熱情與和諧——

暢銷修訂版

兩性關係輔導專家
蘿拉朵依爾 Laura Doyle 著　**汪芸·余宜芳** 譯

本書在美國一出版即引起眾多媒體競相報導，
作者蘿拉・朵依爾也頓時成為家喻戶曉的作家。

「對於想重拾與伴侶間的親密關係的女性而言，這是一本實用且有價值的書。」

——約翰・葛雷（John Gray）《男女大不同》作者

「把對錯拋在腦後吧！這理論有效，簡直就像個奇蹟！」

——費・魏爾登（Fay Weldon）

「本書是創造快樂婚姻之道的新發現。」

——紐約日報（The N.Y. Daily News）

「屈服後的收穫：順服是甜美的，而且它還能改善你的婚姻。」

——芝加哥論壇報（The Chicago Tribune）

「朵依爾的經驗吸引了一群尋覓幸福的女性。『順服妻子互助圈』的成員十分肯定朵依爾的理論，她們相信這些理論不只幫助她們找回和諧的婚姻，也克服了自己拼命想當個女強人的壓力。」

——洛杉磯時報（The L.A. Times）

〔專文推薦〕

無為之大用

施寄青

與其說作者要求女人做個「順服的妻子」，不如說她要女人學習如何做個「無為的妻子」。

一千多年前，唐朝名臣魏徵在上給唐太宗的〈十思疏〉中，便要求雄才大略的唐太宗做個「無為」的皇帝，「鳴琴垂拱，不言而治」。翻成白話文便是彈彈琴、無所事事的舒坦著，不用多話，國家自然會治理得井井有條。

然而，在中國，儒家文化當道，儒家的精神是「知其不可為而為之」，道家那套「無為的哲理」甚少被當圭臬來實行。

我常說，絕大多數以「賢妻良母」自居的女人，都是以「賢慧」為名，而行「操控」之實。她們包山包海，上自公婆、小姑、小叔，中至親戚、朋友，下至兒女、媳婦、女婿，無不一一打點，一心一意要博得眾口交讚，才會感到心滿意足，才覺得一切掌控在自己手中。典型角色即《紅樓夢》中的王熙鳳。

我最怕聽到女人說：「我丈夫離了我，什麼都不會幹，連襪子放哪也不知道。」「我公婆最糊塗了，所幸有我幫襯，否則……。」「我那個弟媳婦笨透了，要不是我這個老姐出面，我弟弟可慘了……。」

家族中只要有這麼一個好強的女人，她周邊所有的人都會變得懦弱無能、沒有出息、不長進。

母親強悍地主導整個家務的家庭，在我們周遭比比皆是，甚至很多人便置身這種家庭中。母親的強勢讓子女感到窒息，讓做父親的往往成了「沉默的羔羊」。

問題是，這些女強人都是外強中乾，她們在事事操心、心力交瘁之下，往往變成碎嘴不停，令人難以相處。她們一面做一面怨，你若叫她放下一切，她立刻會反駁說：「我怎敢放下，我若放下，這一大家子誰來管？」

本書作者強調的便是，若妳是「桶箍」（即圍住木桶的鐵線圈）型的女人，休想得到幸福，妳只會累死，也沒人會感激妳。何不放下不屬於妳的責任和工作，讓家中每個人負起自己生活的責任。一旦妳的擔子減輕，妳的抱怨自然會少，妳會多出許多時間來造就自己，發展自己的事業。

話說起來容易，但真要實踐是很困難的，因此作者列出許多實施的方法和步驟。

要台灣的已婚婦女少管丈夫的事較容易，但要她們少管子女的事才難，很多女人恨不得替子女過一生。事事要管、處處插手，又期望子女成龍成鳳，這不是緣木求魚嗎？

作者不時強調她的主張違反了女性主義的理論，也許她對女性主義不夠了解，才會有此誤解。女性主義要女人自我的真諦，便是少管丈夫、子女的閒事，多管自己的事，不要為他人「越俎代庖」。

女人要記住：別做男人的母親、管家，只要做男人的妻子、情人即可。至於作者最後冠夫姓，以示好丈夫，由於國情不同，在台灣社會改姓改名大費周章，無此必要，萬一配偶去世，日後再嫁，十分不方便。

此外，家庭經濟大權應由夫妻兩人共同掌管，因為台灣的法律不保障女人的財產權，日後婚姻生變，下場便十分淒慘。由此可見，婚姻不只靠雙方的努力，還要有周全的法律保障，否則女人很難生出完全的安全感。安全感不只來自個人的自信，更要靠良好的制度（如老人安養制度）和公平的法律成全。

（本文作者為著名作家與婦運推動者）

〔專文推薦〕

讓丈夫做駕駛

彭懷真

「家庭是最小的民主單位，應尊重家中每一位成員的權力」這是國際家庭年的核心訴求，更是符合人權與人性的一種理想。如果每個家庭都能徹底實踐民主，有更充分的討論、更多協調、更積極的互動，則每個成員會甘心樂意地加入和貢獻。如果每位成員的權利都被其他人尊重，他也能尊重其他人，如此才有真正地「我為人人，人人為我」，家庭的運作自然和諧。

放在夫妻關係之中來看，民主也應該有至高無上的價值，尊重對方的權力是極珍貴的品格。丈夫和妻子是平等的，缺一不可的，互屬互賴互相依存的，本質是你儂我儂所結合的「生命共同體」。唯有雙方都在乎對方，都充分支持對方，婚姻才可以高品質地維持著。假如一方獨裁、威權、濫權，處處想操弄、主宰、控制，關係必然搖搖欲墜。

但是，如何實現民主呢？首先，民主的社會依賴良好的分工。民主與「專家政治」和「專業主義」關聯在一起，什麼事都該找最有能力去處理該事的人來做，各種任務都由最熟練的老手去負責。假如男性擅長處理某些事物，為什麼不信任老公、支持他把事做好？女性何必把不熟練的事情攬在自己身上，弄得手忙腳亂？本書第六章中，作者特別提醒：「學習放手」、「放掉經濟大權」。只要妻子少抓點、少管點、少囉唆點，許多婚姻都可能起死回生。第十四章的主題就提醒多說「我不能」，這實在是非常寶貴的功課。

其次，民主建立在「正確表達自己的期望，並尊重對方的期望」之上。民主是獨立個體的合作，一方不能代替或強求對方與自己一致，一方也不該不讓對方了解自己的需求。我很欣賞第五章的內容，作者建議：「不要遲疑，告訴丈夫你要什麼，但避免指示、避免叨唸、避免命令、避免請求批准，也避免投射。」投射就是處處以「我們」來代替「我」，明明是只有自己期望，卻說成「我們該做什麼」。如此，丈夫難免會心理不舒服而不願配合。男人常覺得「女人心如海底針」，不知妻子究竟要什麼，妻子對自身需求的正確表達，不僅是對得起自己，也可以協助老公了解及調整。

第三，民主是更多的溝通、討論及合作。在威權的關係之中，有權力的一方憑著個人的意志安排其他人，認定自己的想法就是聖旨，他的意見是不容質疑的。有些丈夫認為自己是家庭和婚姻的中心，他常拒絕溝通。但在民主的婚姻關係裡，雙方會很自然地誠實表達，又樂於傾聽對方心聲。第十八章的主題是「傾聽心聲」，建議妻子注意聽丈夫話語中「深刻的脆弱與無助」。無數丈夫有一種共同的痛苦，就是妻子常打斷自己的話，然後嘰哩呱啦。男人不是那麼不願意講話，只是女人的話實在是多了些，占用了太多互動中的時間。想想看，上床後喋喋不休的妻子會導致什麼結果？大概是丈夫失眠、糟透了的性能力或產生想離婚的念頭。

女性的話多，有時是為了控制，表示自己很懂、很行，這對男性來說是極大的威脅。男人最不願意的正是被控制或被看不起。民主當然無法靠一方被對方看不起來維持，民主更不能有「你不行，只有我行」的想法。妻子的話多，如書中第一章所提，像是丈夫與豪豬共同生活，過的會是什麼樣的日子呢？

長久的婚姻輔導經驗告訴我：「妻子只要在丈夫開車時少說幾句，婚姻關係都可能改善。」男人能掌控的已經少之又少，為何不放手讓丈夫享受駕駛的樂趣呢？正像〈洛杉磯時報〉對本書的主要評語：「讓他駕駛（Let Him Drive）。」表達著夫妻關係經營的極大智慧。國父在講《三民主義》時舉過一個例子，強調人民有權，政府有能。人民像乘客，決定車子要去哪裡；政府像司機，決定如何最有效地達到目的地。婚姻也該如此吧！當丈夫駕駛時，妻子順服一些，不是很好嗎？

聖經上的教訓是妻子應順服丈夫，並比喻丈夫是妻子的頭。如果妻子處處讓丈夫出頭，自己則做脖子，決定頭該往哪裡轉，不也是很棒的組合嗎？

（本文作者爲著名作家與東海大學社會工作系副教授）

〔專文推薦〕

婚姻靠經營

黃越綏

十多年前回國從事婚姻心理諮商的工作，並寫了本《婚姻靠經營》，可惜居然淪落到第十一家出版社才肯發行。理由很簡單，當時社會流行的是企業管理、人際管理，但對最漫長的婚姻歲月及最親密的伴侶關係卻存在於天經地義、理所當然的互動模式中而被忽略了。

事實上，每扇婚姻大門的尺寸大同小異，但每對門裡的男女主角卻各不相同。尤其來自不同家庭成長背景、不同基因、不同個性、不同性別、不同的教育程度以及不同的能力等個別差異，加上成年男女在面臨擇婚對象及建立婚姻家庭時，都已背袱了相當多的主觀與自主性；因此假如對婚姻中夫與妻角色扮演的認知不夠、生活習性中共同考驗受到挫折、養兒育女職責的混淆、姻親與周邊人際關係的不良互動，加上性生活的不協調與經濟財務管理上的紛爭等，都足以讓人有悔不當初之慨。同時也會質疑到底是自己找錯對象，還是對象的愛錯了，或是全是自己的錯，而且用這些負面的思維來取代曾對婚姻親密關係的正面期望。

本書的女主角用其第一人身的實際經驗，從職場上的女強人以及曾也是女性主義者的身分，在面對婚姻危機與瓶頸時，本著與其繼續無效地改造對方，倒不如找出夫妻互動中的問題與癥結心態，徹底改變自己來影響對方，並拉回丈夫的信心、尊嚴與親密關係。

而她發現「順服」丈夫並不失自我，「順服」能讓自己不用扮演錯綜複雜且不討喜的角色，「順服」可使對方更在意自己對他的重要性……，總之，順服是讓她挽回婚姻及個人成長的最好良方。

這是一本用「順服丈夫」作為與婚姻生活主軸溝通的中心思想與技巧的施展，但由於國情不同且每對夫妻都是個體戶，作者本身有效的方法換在別人身上未必靈驗，因此如何在順服中拿捏，以達功效，就成了閱讀此書後避免東施效顰的重要關鍵。

二十多年來我輔導的婚姻個案超過數千件，我只能說別人的婚姻故事僅供參考，而婚姻中的男女對象更是無法拿來做比較，因為每個人都是獨一無二的非複製品。

因此，如果這本書中的內容對你適性適用，那就恭喜了。否則透過作者以個人及一般女性角度來剖析妻子角色在婚姻關係互動中經常易犯的錯誤，作為自己情緒管理及人格修養的進階，也算是另一種意外的收穫吧！

（本文作者爲著名作家與婚姻諮商專家）

〔專文推薦〕

更美的婚姻

曾陽晴

順服的妻子？這句話在我們這個人人爭取權利、女權意識高漲的年代，顯得多麼不合時宜。然而，這卻是一位美國前衛女性、職場強人的親身見證：當她不再控制、批評丈夫，全然地信任丈夫之後，她開始擁有「夢寐以求的婚姻」。這是神話嗎？是特例嗎？

我相信在妻子之上加上「順服的」形容詞，如果由男人提出來的話，難免不遭致女性同胞的口誅筆伐。妙的是，這句話是由一位重要的女性作家（她當然也是一位妻子）提出來的。蘿拉・朵依爾為了挽救自己瀕臨破裂的婚姻，除了心理治療、婚姻諮商之外，更在好友間形成團體輔導，實驗做個順服妻子的婚姻之道。

她真的成功了。其實這也不是什麼高深的道理，我們看到了女性溫柔的力量，以退能夠為進，柔弱可以勝剛強，古代的哲士們早有體驗。但是最明確揭示了這個道理的則是聖經。聖經說：「妳們做妻子的，當順服自己的丈夫，……因為丈夫是妻子的

頭……。你們做丈夫的，要愛你們的妻子，正如基督愛教會，為教會捨己。」（新約以弗所書第五章）

蘿拉女士就是把這種做妻子的哲學，發揮到淋漓盡致：她用傾聽表達對男人的敬重、不再控制丈夫、放掉經濟大權、體貼地接受男人的決定、放棄平等的神話、讓丈夫做孩子的父親、溫柔地與伴侶交歡、幫助丈夫解決問題……，一派賢內助的氣勢，既是賢妻，更是溫柔的性伴侶——她把家裡的男人放在尊榮的位置上。我相信任何一個有良心的丈夫，面對這樣的智慧女性，再鐵石的心腸也要化為繞指柔。

沒錯，這就是女人的智慧，運用她們天生的生理、心理優勢，來得到男人對婚姻、對妻子、對家庭的全然奉獻，更難得的是：得到男人長久的愛情，誠如聖經中上帝的應許：讓男人愛妻子，也願為妻子捨己！

說實在的，要男人愛女人容易，但要愛自己的妻子就不容易了，特別是「長長久久地」愛妻子。顯然蘿拉女士找到了祕訣，在溫柔與順服之中（而不是挑剔、批評、掌控之中），達到改變男人那種頑石心腸。

我相信，上帝造男造女，也必定給了男人、女人特定的旨意，只要我們照這旨意而行，男人可以成為好丈夫，女人可以成為好妻子，上帝的祝福與愛自然豐富地降臨到這個婚姻與家庭之中。

希望不是只有一本《順服的妻子》，也許下次我們要看到一本《會愛的丈夫》也成為暢銷書，就更美了。

（本文作者為著名作家與兩性專家）

目錄

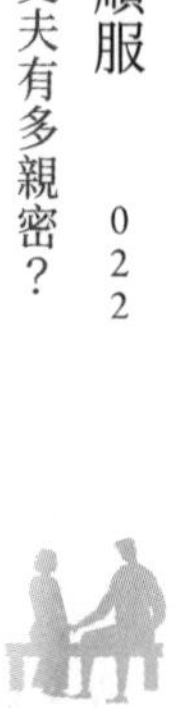

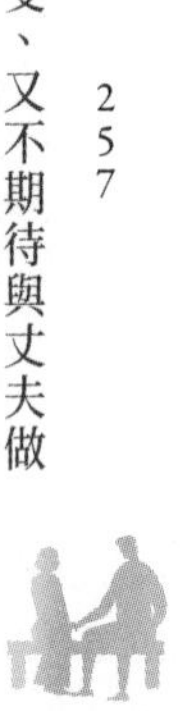

前言

我們很容易墜入愛河，就連待在愛河裡也不難；人類的孤寂足以讓我們這麼做。然而有一種追尋既是困難、卻又值得我們去努力的——那就是找到一個伴侶，透過這人的持續存在，我們得以逐漸成爲自己渴望的那種人。

——絲卓恩（Anna Louise Strong）

女性為何要順服？

我廿二歲結婚的時候，完全沒有想到以後我會把自己稱為「順服的妻子」。那時，這種稱呼會讓我產生強烈的反感。

由於目睹父母經歷了殘酷的離婚過程，我當然知道婚姻有風險，但我還是抱著希望，總認為自己能做得比較好。我驚奇地發現，丈夫約翰盡他所能地愛我。我內心有一個部分相信，我們可以擁有一份幸福的婚姻，因為它從一開始就是如此的美好。

最初的時候，我們的婚姻確實很美滿。但漸漸地，我開始清楚地看到約翰不完美的地方。我開始糾正他，我想幫助他改進，這就是我的作法。從我的觀點來看，只要他在工作上更有企圖心，在家裡更浪漫，吃過、用過的東西隨手整理乾淨，所有的問題都會迎刃而解。我不厭其煩地提醒他。

他的反應並不理想，這種情況沒有什麼好奇怪的。我真正想做的是控制他。我給的壓力越大，他抗拒得越厲害。我們都感到氣憤與挫折。我的立意雖善，但我已明明白白地走上通往婚姻地獄的那條路。不久，我就因為拚命掌控自己與他的生活而筋疲力竭。更糟的是，我與這個曾經讓我如此快樂的男人日益疏遠。我們的婚姻出了嚴重的問題，而這時我們結婚不過四年。

我感到極端的孤寂，為了改善這種情況，我什麼方法都願意試。我去作心理治療，在治療過程中，我發現我經常用控制別人來防衛自己；我讀了約翰・葛雷（John Gray）的《男女大不同》（*Men Are from Mars, Women Are from Venus*），這本書讓我了解，兩性在溝通與面對生活的方式上確有不同之處；我跟其他女性討論，尋找她們婚姻的成功之道。

一位朋友對我說，她讓丈夫處理金錢方面的所有事情，這種作法使她輕鬆不少；另一位女士告訴我，無論丈夫是否出錯，她從不批評丈夫。我決定跟隨她們的腳步，在婚姻裡進行一場「實驗」。我非常希望挽回我們的感情，也想拯救我的自尊。每一次我對約翰發洩內心積壓已久的憤怒與挫折，我的自尊就更形低落。

我並不曉得，一開始所做的這些努力就是順服，也不知道它們會讓我們的婚姻恢復穩定，讓我的自尊重新滋長。如今我把自己稱為「順服的妻子」，是因為當我不再控制約翰所做的每一件事，開始全然地信任他，我就逐漸擁有自己夢寐以求的理想婚姻。只要依照本書的原則去做，你也會得到同樣的成果。

人在嘮叨不休、批評挑剔或拚命掌控別人的時候，不會為自己感到驕傲。我當然也不喜歡這樣。光是聽到自己發出的責怪腔調就讓我自慚，想反過頭來責怪自己。但是藉著順服，你會找到勇氣，不再耽溺於這些不愉快的行為，改用自尊自重的作法取而代之。

你會擁有更多的時間與精力可以用在更重要的事情上。無論你的目標是建立更和諧的家庭、經營頂級企業，或是兩者兼具，當你迅速接近心中想望的目標，你會感到無比的自豪。無論就個人而言還是就妻子來說，順服皆能讓我們把自己最精采的一部分發揮出來。順服之所以值得我們奮力追求，就是因為這個道理。

表一　你與丈夫有多親密？	很少	有時	經常
01. 你是否覺得自己的地位比丈夫高？	□	□	□
02. 你是否嘮叨他的不是？	□	□	□
03. 你是否跟別的太太們訴苦，談論丈夫的缺點？	□	□	□
04. 你是否聽過自己說：「我叫我先生如何如何……」？	□	□	□
05. 你是否認為只要你叫丈夫做什麼，他就照辦，所有的問題就能解決？	□	□	□
06. 你是否偷聽丈夫跟別人講話？	□	□	□
07. 你是否覺得丈夫像你的孩子？	□	□	□
08. 你是否覺得照顧孩子讓你肩上的擔子很重？	□	□	□
09. 丈夫能自己做的事情，你是否替他做了？	□	□	□
10. 你是否不時感到焦慮與沮喪？	□	□	□
11. 你是否覺得筋疲力竭？	□	□	□
12. 你們當中是否有一方對性失去了興趣？	□	□	□
13. 你是否對丈夫的成就感到厭惡或嫉妒？	□	□	□
14. 你是否批評或拒絕他送你的禮物？	□	□	□
15. 你會不會揣想離婚的情景，或是想像你跟更適合自己的另一個男人的生活？	□	□	□
16. 你是否貶抑當初你看上丈夫的優點？	□	□	□
17. 你是否對婚姻感到絕望，因為你的種種需要已經很久沒有得到滿足？	□	□	□
18. 你是否很難信任丈夫，就連在很小的事情上也一樣？	□	□	□
19. 你是否試著要控制丈夫？	□	□	□
20. 當丈夫作出不智的決定，你會不會生他的氣？	□	□	□

□「很少」為5分 □「有時」為3分 □「經常」為1分

將所得分數加起來即可得到總分（應在20～100分之間）

●35分以下：

什麼是親密？也許你會懷疑，自己以前在這個傢伙身上到底看到了什麼優點？但是不要擔心，你所追求的溫柔情感可能只是處於冬眠狀態。要是你能記起當時嫁給他的理由，為了這些理由而敬重他，你仍然能擁有自己想要的婚姻。鼓起勇氣，就從今天開始，不要再控制丈夫。你不會後悔的。你可以改變婚姻，就從此刻開始。

●36分～60分：

做得太多，讚賞不足。表面上很難看出你做得太多，但是事實如此，你需要喘口氣。好好照顧自己，多多向丈夫求助。只要丈夫覺得你尊重他，你的柔弱就會得到回報。對丈夫的付出表示感謝，就能激發他的熱情，使你們更加親密。

●61分以上：

恭喜你！你與丈夫非常親密，你們的感情充滿熱情。你找到一個讓你敬重的男人，兩人對彼此都有正面的影響力。這種結合是獨立與緊密之間的一種健康的組合。你把自己照顧得很好，不會拒絕道歉，他會為此熱烈地愛慕你。

找回向我求愛的男人

我們的想法、言語以及行爲，都是網上的細線。我們拋出這些線頭，將它們包住自己。

——維瓦卡南達（Swami Vivekananda）

順服的心境不是一下子就能達到的，相反地，我是一點、一點地改變。一開頭，我在約翰開車的時候用閉口不言作實驗——有時乾脆連眼睛也閉上。當我們毫髮無傷地抵達目的地，我決心以後都要信任他能好好開車，無論我心中想要控制的念頭有多麼強。

其次，我不再為他買衣服（沒錯，連內衣也一樣）。儘管我擔心他連一件衣物也不會添購，但事實證明我錯了。我從痛苦的錯誤裡學到教訓，知道什麼不該做，例如批評他為汽車作保養的技術有多麼差勁。這種表現就跟我母親暴躁不安的時候完全一樣，約翰因此連看了四小時的電視，好避開與我相處。我祈求自己得到智慧，並且做了更多細微的改變，努力建立一種不帶控制慾的感情。

情況開始改變，緩慢而確定地改變。

當我停止對他呼來喝去、不再給他建議、不再丟給他無數的事情、不再批評他的想法、不再在他處理不當的時候立刻搶過來做，某種神奇的改變出現了：我所夢想的那種結合終於來臨。

當年向我求愛的男人回來了。

我們重新變得親密。我不再連珠砲般地抱怨他是多麼孩子氣、多麼不負責任。相反地，我真心地感激他、喜歡他。我們分擔責任，沒有責怪、沒有憎惡。我們不再時時爭吵，我們一起歡笑，手牽著手在廚房跳舞，享受多年來不曾有過的、觸動心弦的親密感。

在我們結婚九週年的紀念日，我冠了夫姓。「既然我現在對他稍有了解，我想我要再給他一次機會。」我跟朋友這麼開玩笑說。但其實我真正想表達的是，我想用一種未曾有過的方式跟約翰保持親密。我想做點什麼，來象徵我對他的深重敬意和宣告一種內在的變化。這是某種道路的自然發展，不久以前，我走上了這條道路，但是我自己卻渾然不知。

一開始當我閉上嘴巴，不讓自己事事發表意見的時候，我覺得很不自在。要我不去糾正丈夫，就像要我用左手寫字一樣困難。我的生活變得笨拙極了！

但是這種作法帶來了正面的結果。過了一段時間，我培養出新的習慣。當我表現

出以前的態度，我會停下來捫心自問：「什麼是我比較想要的：控制一切？還是擁有親密伴侶？」

情感的聯結、不再緊張、有尊嚴、溫柔親切與身心鬆弛，這些自然都比做完事情或順我的意思做來得重要。為了提醒自己要以新的原則為重，我用「順服」這個字當作我的祈禱文，因為它既簡短，又能切中要領，遠勝過「別再控制一切」。我對自己默默唸出「順服」這兩個字，一遍又一遍。

表現出最好的自己

> 美德本身就是最美好的回報。
>
> ——伊塔里克斯（Silius Italicus）

順服丈夫並不表示要回到五〇年代的方式，也不表示要叛離女性主義。本書的目的不是要你丟掉什麼，也不是要你變得死板。更不是要你卑屈逢迎。它的目的在於提出某些基本原則，幫助你改變自己的習慣與態度，重新與丈夫建立親密的感情。這種感情能把你們兩人個性中最好的一面引發出來，讓夫妻一起成長，成為靈性的生命。順服既令人感激，又教人害怕，但是它帶來的結果——寧靜、喜樂、對自己與婚姻感到開心——已經不證自明。

作個順服妻子的基本原則是：

- 對丈夫鬆手，別再不適當地控制對方。
- 敬重丈夫的想法。
- 親切地接受丈夫的禮物，對他表示感謝。
- 表達自己想要什麼，但不去控制他。
- 把注意力放在照顧自己與自己的成長上。

順服的妻子是：

- 對於以前嘮叨的事情，現在以柔弱的態度處理。
- 對於以前想控制的事情，現在以信任的態度處理。
- 對於以前貶損的事情，現在用敬重的態度處理。
- 對於以前不滿意的事情，現在用感激的態度處理。
- 對於以前懷疑的事情，現在用完全信賴的態度處理。

順服的妻子在過去困乏的事情上，將會得到極為豐盛的成果。一般來說，順服以後，她們的經濟更加寬裕，也會擁有更滿意、更加甜蜜的性生活。

我的姊姊漢娜用她跟舞蹈老師學習社交舞的經驗，來說明順服妻子的哲學。「婚姻生活就像跳社交舞，一個必須帶領，另一個必須跟隨。這並不表示哪個比較重要。但我很少看到有哪個女人能抗拒這種『在後面領導』的誘惑。」

「他所做的每一個動作，我都做了。」老牌女星琴裘・羅傑絲（Ginger Rogers）談到男星佛雷・亞斯坦（Fred Astaire）時說：「只是我都是倒著做的，而且是穿著高跟鞋做。」儘管兩人都是技巧高超、才華洋溢的舞者，但是他們若都帶領或是跟隨，就會把彼此拉到相反的方向。簡單地說，他們不會同步跳舞，而會互相踐踏，到最後，兩人會分開。琴裘讓佛雷帶領她，她相信他會讓她表現出優美的姿態，他會保護她，不讓她受傷。她相信佛雷不會減損她的風采，反而能襯托出自己的才華。

我也希望丈夫能讓我把最好的一部分展現出來。

控制的源頭

一個人的心志一旦因新的觀念而向外伸展，就再也不會留在原來的層次。

——荷姆斯（Oliver Wendell Holmes）

早在我們戀愛、結婚之前，每一個喜歡控制的女人就深為失望所苦。在很年輕的時候，我們某些最基本的需求沒有得到滿足。這可能是因為許多事情所造成的，例如父親或母親太早去世，或是家人染上酒癮、毒癮所帶來的挫折感。它的來源可能是小事，像是得不到想要的網球鞋，或是父母又生了弟妹。無論情況為何，當時我們都作出錯誤的結論，認為沒有人會用我們想要的方式照顧我們。

我們得到一個孩子氣的信念：我們若總是掌握局面，事情就比較有可能往我們想要的方向發展。

有些人習慣活在恐懼裡，害怕得不到自己需要的東西，因而從未發現自己的脈搏與呼吸是如此急促。我們把這種恐懼與隨之而來的自動反應視為正常，而這種反應就是想控制一切。我們以為越能控制身邊的人——丈夫、子女與朋友——我們就會過得越好。

就像魚兒完全不曉得自己已經游進大海一樣，控制一切以求生存的人，往往也是最後一個發現自己有這種問題的人。我們告訴自己這樣是在指導別人、幫助別人，讓別人得到改進，讓別人做事更有效率——我們是如此害怕不可預測的事情，因而極盡所能讓每一件事都能得到肯定的結果。

例如，我告訴丈夫他該要求加薪時，我以為自己只是提出有幫助的建議；我坐朋友的車子，前往一個朋友知道路的地方時，當我突然叫朋友把車子向右轉，而不是向左轉，我覺得我是在節省時間，避開擁擠的車流；當我要弟弟去看心理醫生，我認為自己在陪伴他、支持他，但我的作為實際上是在傷害他。

我的種種理由全是精細複雜的表相，用以遮蓋內心無法相信別人的恐懼。我若信任丈夫已經盡全力去賺錢，就不會用這種說法來暗示我覺得他的企圖心不夠強；我若信任朋友會及時抵達目的地，就不會亂下指令，為彼此帶來不愉快的氣氛；我若信任弟弟能自己過好生活，他就不會依賴我，不斷向我傾訴情緒問題。

信任具有很大的魔力，因為大多數人都希望達到別人的期望。你若讓丈夫確知，你覺得他的事業會一敗塗地、可能出車禍，而且忽視自己的健康，你就表現出負面的期望。反之，你若期望他成功，他就更有可能出人頭地。

信任一個人意味著，你對這人有完全的信心，就像男星勞勃・瑞福（Robert

Redford）在電影〈輕聲細語〉中的角色，他頭一次信任一個少女開他的卡車——他坐在旁邊，把牛仔帽拉下來蓋住臉。信任別人意味著，你期望得到最好的結果，而不是最壞的悲劇。只要你信任他，就不必再三檢查或是準備緊急支援計畫，因為你期待的不是危險。你可以閉上雙眼安然入睡，因為你知道一切都會順利達成。

請不斷提醒自己：當你信任一個人，你所期待的是最好的結果。

當每一個理性的指標都顯示安全無虞，你卻還是無法信任對方時，我們的反應其實是出於恐懼。我們害怕得不到自己需要的東西，或是得到的時機太遲；我們害怕自己會亂花錢，會承擔過多的工作。這種心態可能是因為：實情往往正是如此，我們害怕寂寞、無聊與不自在。你若和我一樣，也會拚命去糾正、批評與征服配偶，你的作為就是出於恐懼。無論處於何種情況，只要你不依據恐懼做事，你就不需要去主宰、操縱與控制情勢。

我的恐懼是一種制約反應。多年來我逐漸養成這種心態，藉以隱藏內心的脆弱——那個讓我感受到最深重的痛苦與最欣悅的快樂的柔弱部分。我盡可能掩飾自己的柔弱，因為我相信這個部分最沒有吸引力。可笑的是，最讓我覺得親切與好相處的人，往往具有展露內心的恐懼、喜悅、悲傷、罪惡感與種種需求的能力。我被他們的溫暖氣質與開放態度所吸引，我覺得他們充滿魅力。

在我選擇控制一切，好讓自己顯得不脆弱時，我等於是在以犧牲夫妻間的親密作為代價。現在我了解，控制與親密是相反的兩極。想要其中的一個，就得不到另一個。要是不肯表露出柔弱的一面，我就無法擁有親密的感情。沒有了親密，也就沒有浪漫與相知相惜。當我對丈夫表露出內心的脆弱，熱情、親密的感覺與奉獻之心便自然地泉湧而出。

如今我盡量放掉掌控之心，讓自己表現出柔弱的一面。不幸的是，我做的還是不夠完美。但是沒有關係，僅僅是把親密——而不是控制——視為第一要務，練習本書講述的原則，就已讓我的婚姻變成一種更熱情、更浪漫的結合。

隨時準備離去

> 不會說好話還不如什麼也不要講。
>
> ——母親的教誨

有個朋友說，她面對婚姻的態度就是「行李收好，穿上球鞋」，隨時可以東西一拿，在幾分鐘內逃走。她隨時準備去追求新生活，在這個新生活裡，她可以不靠丈夫的協助，就能為自己提供需要的一切。

我的心理醫生提醒我，我剛開始去求助她的時候情況也差不多。我經常覺得，要是我離婚了或是跟另一個比較體貼的男人在一起，我的生活就會美滿許多。跟想像中的丈夫在一起時，我不必計畫、安排、組織或檢查任何事情。我的錯誤態度為我們的感情投下陰影。我總是想發脾氣，就連雞毛蒜皮的問題好像也足以構成結束婚姻的理由，以便冀望於更好的男人。當時我痛苦極了，覺得理直氣壯、覺得婚禮上的誓言已經不再重要。現在我告訴朋友這件事時，她們都取笑我，因為這個念頭聽起來如此荒謬，我那時竟然有意把這個完美的好丈夫一把丟開。

本書為何不叫《順服的丈夫》？

有些人就是喜歡發現別人的錯處，彷彿在尋寶一樣。

——歐瓦許（Francis O'Walsh）

如果你是一個負擔沉重、寂寞孤獨，又有責任感的妻子，本書最適合你。要是你能承認自己經常或有時會去控制、嘮叨與批評丈夫，你——而且只有你——就可以決定，是否要採取行動來恢復婚姻中的親密感情，重新得到你的尊嚴與內心的寧靜。

我並不是說，婚姻中的每一個問題責任都在你。你不必為一切負責。你的丈夫也有許多地方可以改進，但是他的部分不是你能控制的。你無法讓他改變，只能改變自己。不過，只要你認清自己有哪些行為會導致問題，就能著手加以解決。我沒有把時間花在左思右想，思考丈夫該做什麼，而是把所有的力氣都用來改進自己，讓我更加快樂。我的旅程重點在於放棄控制的行為，省視自己的心靈，而不是在外界的紛爭裡陷入迷亂。

我鼓勵你起而效法。

其他的女人如何變成順服的妻子？

我開始練習「順服妻子」的作法不久後，與一些朋友分享這套看法，她們便把它應用在自己的婚姻裡。她們不僅發現這個方法十分有效，還提出許多奇妙的見解。她們也經歷了振奮人心的轉變。不久，我們五個人組成一個團體——一個「順服互助圈」（Surrendered Cycle），每個月在我家客廳聚會一次。這個小組快速成長，許多我未曾謀面的女士打電話給我，想讓婚姻重獲生機。組員的數量超過我家客廳所能負荷後，我不再收新的學員，並設立「順服妻子工作坊」，教導女性相關作法，幫助她們培養順服的習慣（有興趣者可上網了解 www.surrenderedwife.com）。然而，找我學習順服的女性越來越多，如今免費提供支持的「順服互助圈」定期在網路上與各個社區裡聚會。

今日已有數千名女性在練習「順服妻子」的原則。她們在婚姻中重新建立消失多年的愛與親密的關係，她們得到休息，不再為每一件事負責。在本書中，你會看到一些女性的親身經歷，她們都是我在「順服互助圈」的小組聚會、我的工作坊與「順服妻子」網站上認識的女性。每一個例子都是真人真事，不過人名與若干細節經過改換，以保護她們的隱私。

何時不該順服，何時該脫身

你的丈夫會做一些讓你氣得要命的事，這我了解，因為我也有一個丈夫。他和你的丈夫一樣，只是一個缺點很多的凡人。有時我發現他的缺點如此要命，讓我簡直一天也沒法跟他生活下去。

事實上，我的丈夫是一個好人。

但是，你如何知道你有個好丈夫？在什麼情況下，你應該離開他？在某些情況下，妻子不應信任丈夫。在這些特殊的情況下，我建議你與他分居或離婚，而不是順服。只有你自己才能判斷，你是否處在這種情況之下。

在順服之前想想，以下這些情況是否適用於你的處境：

1.不要順服打老婆的人

個人的安全受到威脅時，彼此不可能親密。如果你的丈夫做過以下的事，我希望你盡快離開他：

♡打你
♡踢你
♡對你飽以老拳
♡強迫你行房

向你的朋友或專業機構求助，趕快結束這段婚姻。今天就開始計畫並採取行動。

2.不要順服於打孩子的男人

丈夫若毆打孩子或對孩子施以性虐待，你必須立刻採取行動保護他們。越快離開他，越有機會與另一個健康、有愛心的男人建立感情。新的伴侶會保護你和孩子，而不是傷害你們。有一點要注意：無論丈夫的作法是否有爭議、無論你是如何不能苟同，丈夫若是為了教導孩子而施以適度懲戒，他的作法都不算虐待。丈夫對處罰孩子的看法與你不同，並不足以成為離開他的藉口。

3.不要順服於有酒癮或毒癮的男人

有酒癮、毒癮或嗜賭如命的男人都不能信任。在這種情況下不可能建立親密的夫妻感情，因為他會把他的癮頭放在你的安全與快樂之前。

察覺這種問題並不容易。你若不太確定，但有點懷疑他已上癮，就要撥出時間，靜下來思考這個問題。他的上癮或賭博是否影響過你們的感情？即使他知道你會覺得不舒服、會覺得寂寞，他是否還是繼續喝酒、吸毒或賭博？他有沒有試著戒掉過，卻又重新陷進去？

問問自己，仔細傾聽心中的答案。如果你有一個以上的答案是肯定的，你的丈夫可能已經上癮。果真如此，你就要提醒自己，丈夫應該將你擺在第一順位。請記住：越快拒絕不妥當的處境，越有機會與珍愛自己的人建立新的感情。

要是你仍然不確定丈夫是否上癮，就應向專業機構求助。

4.不要順服於長期出軌的男人

一個長期出軌的男人，儘管他不斷承諾要改過自新，還是不能加以信任。你有資格跟一個忠貞的男人在一起，讓他在性生活、在精神的浪漫上與你合一，而且只與「你」一個人合一。丈夫若做不到這一點，你得到親密婚姻的最佳機會就在於結束這段婚姻，尋找一個對你忠誠的人。

然而，過去的一段婚外情並不表示丈夫就是長期出軌的浪子。婚外情可能是妻子多年來不斷批評貶抑的結果。這並不表示他的出軌是你的錯，與你相處、溝通、遵守誓言，仍然是他自己的責任。但是只要你開始順服、只要丈夫願意重新守貞，婚姻的傷口就能得到痊癒。

言語的虐待

許多女性問我，要是她們的丈夫在言語上虐待她們，是否應該結束這段婚姻？這是一個重要的問題，因為言語的虐待和身體上的虐待一樣，會逐漸摧毀你的自信，讓你覺得自己是個沒有價值的人。你當然有資格不接受這種虐待。幸運的是，你會發現，你若敬重丈夫，不去控制他的意志，他就不會再講傷人的話——只要他不是前面四種男人。

以下是我的理由：

如果他喜歡侮辱你，反省一下，你們的感情是否一開始就有這種色彩。這種不當的對待很少是單方面的行為，男人往往藉著它來保護自己、對抗長期的侮辱與喪氣。我要再次強調，丈夫用言語虐待你並非你的不是，但是你的行為對他也有影響。

有位女士對我抱怨說，她和丈夫吵架時，他會用難聽的話罵她，他在言語上的虐待令人無法忍受。我們談得比較深入以後，她對我談到她在那次吵架時，其實也用不堪入耳的話責罵丈夫。一開始她不願為了自己的不敬而向丈夫道歉，因為他沒有先向她認錯。

我沒有試著說服她，讓她相信彼此都該道歉。相反地，我決定採取另一種作法。我問她：哪一樣比較重要？是他的道歉（還有她的自尊）？還是恢復兩人的親密感情？不久她便承認，後者比較重要。之後她便主動打破兩人之間的冷戰狀態。

她的丈夫說，他很抱歉自己生氣時所說的話，他們的感情恢復了和諧。

過了一陣子，他們的關係不再充滿言語的攻擊，而是充滿親密、敬重與感謝，就像許多婚姻一樣，隨著妻子的順服而帶來改變——你的婚姻也能出現同樣的改變。

他值得你信任嗎？

我們都爲了一個先入爲主的觀念而受苦：在我們所愛的人身上，存在著「完美」這樣東西。

——波蒂兒（Sidney Poitier）

如果你的丈夫不屬於前面四種的任何一種，你就嫁了一個好人。不算完美，但是有能力愛你、珍惜你，同時具有潛力，能幫助你看重自己、看重你的婚姻。

這是真的。

你若和大多數女性一樣，現在你就會想，要是不再去控制丈夫，生活將會徹底瓦解。也許你覺得無法阻止自己去教導他、糾正他，因為這樣會使孩子變得沒有規矩，因為這樣會使你破產，因為你堅信你的婚姻不可能改變。如果你認為，有某種理由讓你不能實踐這項建議，你絕不是唯一有這種想法的人。

我們全都是這麼想的。

我知道我的建議很難做到。我知道這種作法看起來不太公平。當我努力改變，丈夫卻坐在那裡看電視時，我也覺得不公平。但是你的丈夫將會作出重大的改變。事實上，當你離開那條不信任他的崎嶇道路，轉而走向信任他的平穩道路，他就必須作改變，以便跟上你的腳步。他必須把自己提升到更高的層次，來面對新的美好情境。

做錯事情的時候，他必須傾聽內心的聲音，而不是仰賴你的判斷。他必須運用自己的心智，決定哪些作法對他的家庭是最好的，而不是心懷抗拒，被迫執行你的命令。

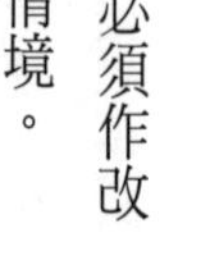

chapter

1

以傾聽
表達敬重

Respect the Man You Married by Listening to Him

人若敬重他，他會加倍自重。

— 霍威爾（James Howell,1659）

藉著傾聽丈夫的言語來表現你對所嫁之人的敬重。不要批評他、侮辱他、取笑他、嘲弄他。即使你不同意，也不要貶低他的看法。

你若說出或做出不尊重他的事，就要爲這件事而道歉。你要接受他的反應，不要再講任何評語。你要察覺自己想去批評他的衝動，不要從負面的角度給予評價。

婚姻就像大自然，在大自然中，水會尋找自己的水平線。同樣地，我們所嫁的人正是適合自己的對象。

敬重丈夫就是自重的表現。它是一種認可，承認自己作了明智與深思熟慮的選擇，嫁給一個值得愛、值得敬重的男人。用不敬的態度對待他，等於在說你作了差勁的選擇，讓你跟一個比自己差的人在一起。

多年來我一直暗自認定嫁了一個不如自己的男人，但是我錯了。事實上，這種幻覺使我把所有的不順利怪在約翰身上。或許你也在這麼做。

凱倫的先生經營一家大公司，年收入高達數十萬美元。在過生日的前幾天，他在櫃子上貼了一張紙條，上面寫著他最想得到的生日禮物：尊重。在家庭與世界各地，尊重可以用許多種方式加以呈現，而男人非常渴望得到妻子的尊重。那是我們能給丈夫的最佳禮物。

你若覺得丈夫不值得敬重，就要捫心自問：當初你在他身上看到了什麼，使得你願意嫁給他？那時你信任他、欣賞他。現在的他與當時的他或許並無太大的不同，因此，他仍然值得你去賞識。

尊重他的品味

男人生來就是要追求成功，而不是追求失敗。

——梭羅（Henry David Thoreau）

如何才算敬重配偶？你要接受他的選擇，無論在大事或小事上都一樣。即使你不同意，也不要批評他。你要敬重他選的襪子與股票、食物與朋友、藝術與態度。你要傾聽他的言語，看重他對家庭與工作的想法與建議。不過，接納丈夫的想法並不表示你也必須作同樣的選擇。

當你敬重丈夫時，你會把他看成一位聰慧的成年人，而不是一個不負責任的小孩。你的語調會逐漸變成穩重女性的口氣，而不是狂亂潑婦的聲調。

敬重丈夫意味著你不會貶低他。例如，教導他如何把碗盤在洗碗機裡排列整齊會讓他覺得受到侮辱，如果你說：「這麼簡單的事，你怎麼都做不好？」這種評語會扼殺夫妻的親密感情。

敬重的意思是：當他在高速公路下錯交流道時，你不要糾正他，告訴他該在哪裡轉彎。他若一直往錯誤的方向開下去，你還是不要糾正他。事實上，無論丈夫做了什麼，你都不要嘗試去教導他、更正他的錯誤，要他改進。

這就是順服妻子的本質。

敬重帶來親密

敬重與親密有什麼關係？

丈夫覺得安全、覺得你不會批評他時，他就不會預期你會攻擊他，也不必武裝自己。他知道你站在他這一邊，就能放鬆心情，覺得充滿自信。

最重要的是，他曉得你不會攻擊他的弱點，就能放下防衛。這種安全感能讓他與你分享內心深處的想法，在這裡，你將找到親密的感情。他會談起想教給孩子哪些價值觀，當你們都老了，他希望你們一起做些什麼，或是他小時候心愛的狗兒死去時的

心情。他也許會與你聊住在農場裡的生活可能是什麼樣的、在月亮上的生活可能是什麼樣的、家裡要不要蓋個二樓。親密是由許許多多溫柔的談話所組成——有些聽來愚蠢，有些似乎很嚴肅——但他只想跟你一個人講。事實上，談話的實質內容遠不及談話本身來得重要，因為這種談話把你們的心連在一起。

要是你和丈夫已有一段時間不曾談心，你如何與他溫柔地談天說地？當你習慣貶低他，你如何做到尊重他？就像我所做的——藉著一小步、一小步的努力直到你改變舊有的習慣。你已經藉著閱讀本書來提高自覺的能力，這就是一個很好的起步。在本章裡，我會描述不尊重丈夫的行為與感受，幫助你反省自己的作為。單是知道不尊重為何物就已幫助我更加專心、致力追求敬重丈夫的目標。尊重丈夫進一步幫助我，讓我找到一生渴望的親密感情。

保持尊嚴

經常不敬重丈夫的選擇的人，就像總是拿著細小的針戳刺他。試想與豪豬共同生活是什麼滋味，你就能體會他過的是什麼樣的日子。

當豪豬也沒有什麼好玩的。你所愛的人不想接近你，因為你渾身是刺。藉著敬重配偶，你就能甩掉身上的刺，這是你給他的禮物。同時，你的自尊也會因而提高，因為丈夫開始接近你，讓你覺得他愛你、他要你陪伴在身邊。你不再因為自己嘮叨或爭論而感到不愉快，而會覺得自己是個成熟、有美德的人。你不必擔心自己變得跟你母親脾氣暴躁時一模一樣。她在呼來喚去、叫每個家人做事時，你並不敬重她。同樣地，當你聽見自己嘴裡說出類似的話語，你也不敬重自己。

我還記得自己使喚約翰、連聲抱怨的時候，心裡覺得多麼羞愧、多麼討人厭。生氣的時候，我認為自己說的都是必須講的話，然而我說的每一個嚴厲的字眼都削弱了我的自尊。無論我在喊叫或糾正他時覺得自己如何有理，過後我仍感覺深受打擊，這種感受使我的心情更加低落。

如今我敬重丈夫，不僅是為了培養親密的夫妻感情，也為了保持我的尊嚴。我一點也不懷念責怪與吵架過後的敵意與冷戰。

「我只是想幫忙」症候群

許多女性在潛意識裡有一種想法：「我懂得比他多……，我可以幫他把事情做好。」在這種想法之下，我們很快地發展出一種優越感。我們覺得自己有資格去指導丈夫、教他如何使用吸塵器、如何跟孩子說話、如何與同事協商事情。我們不斷告訴自己，我們只不過在幫忙而已。

不幸的是，妻子眼中的「幫忙」往往被丈夫視為「控制」。應該如何、如何的評語，實際上都是不尊重對方的表現。丈夫完全不感激我們慷慨的「幫忙」，這種態度又使我們心生憎惡。於是我們逐漸養成糾正丈夫的習慣，聽不出自己的言語是多麼嚴酷。我們也沒有發現，自己變成了一個愛嘮叨、責怪的妻子，而不是早年想做的溫情愛人。

母親情結

你見過許多聰明男人跟笨女人在一起，卻很少看到聰明的女人跟笨男人在一起。

——瓊恩（Erica Jong）

你若覺得自己是家中唯一的成年人，就要想想這件事：你的丈夫在工作時能夠有生產力、與人溝通、解決問題，他顯然也有能力在家中做同樣的事。那麼他為什麼不做呢？為什麼我們常覺得丈夫只是一個孩子？這是因為我們把他看成小孩，而不是有能力的男人。

我糾正丈夫、批評他或是告訴他該怎麼做時，登時就變成了他的母親，這時他不會把我看成他的愛人。沒有任何事比把丈夫看成無助的小男孩更讓妻子倒盡胃口；沒有任何事比丈夫覺得他跟母親生活在一起，更能毀掉夫妻之間的親密。你的丈夫也許嘴裡不說，心中卻深有同感。

當你糾正丈夫時，他不會告訴你，你的作為讓他失去男子氣概；他也不會告訴你，當你用這種語氣數落他時，他有一種回到青少年時代的感覺。那時他會因為母親的責怪而生氣，渴望離開家，到一個沒有人打擾的地方過生活；他當然不會告訴你，他覺得你和他母親一樣，都沒有吸引男人的魅力。

他不會講出來，而冷戰就開始了。

當你讓丈夫知道你不認為他會作出明智的決定時，他會縮回童年，在心裡放棄自己，因為他覺得永遠達不到你的標準。他甚至在潛意識裡同意你的看法，完全退出家庭中的活動。

誰能責怪他呢？

男人感覺自己不受尊重時就會退縮起來。在我順服之前，丈夫每天花很多時間看電視。你的丈夫也許覺得打高爾夫球、加班或是在車庫裡修理汽車，都比跟你在一起有意思。當然，讓丈夫知道你的看法可以帶來滿足感，但是這種滿足感的代價十分高昂：你讓自己與他隔絕，並且創造出一個肥皂泡般虛幻、僅僅屬於你的寂寞領域。

用尊重的態度對待丈夫，他就會更想跟你相處、與你談話，也會與你分享更深刻的想法、更熱情地與你親熱。承認自己嫁了一個聰明、有能力的男人，對你與丈夫都有益無害。

冷戰的解藥

你若像我一樣，就會感覺你也希望自己能敬重丈夫——只要他能履行他的責任。問題在於，若不給他機會，你永遠不曉得他是否做得到。

或許你忘了要信任與尊重配偶，因為你習慣在職場上發號施令，回到家中仍然做個不停；也許他在高速公路開車不慎，使你覺得今後必須要提醒他小心開車；也許你發現，他的信用卡帳戶的結存金額太高，在利率上划不來，因而對他感到失望。無論你是基於什麼理由而無法接受丈夫做事的方法——有些理由或許很有道理——你都會付出極高的代價，因為侮辱他而失去彼此的親密。哪一樣對你比較重要：監督每一件事？還是享受溫暖的親密感情？請記住，這是你的選擇。

一旦選擇尊重他，你就在人生的路途上作出重大的抉擇，要讓婚姻出現轉變。對於未來的路途，你定下新的規則。這就像學開車一樣，你決定遵守交通規則，看到紅燈就停下來，轉彎前打燈號，因為你必須這麼做才不會衝撞馬路上的其他車輛。要是你想闖紅燈，最後終會車毀人亡。婚姻也是一樣，儘管心底不樂意，你還是要讓步，以免發生衝突。

你覺得他不成熟或是太過固執時，有一個方法可以讓自己不發脾氣：提醒自己你選擇的是最佳道路。刺傷他並不難，但是你應保持仁慈，慷慨付出。你可以做到的。回想一下，丈夫也有深思熟慮、勇氣十足、犧牲自己的時刻。把當時的景象記在心上，好讓你抗拒批評他的衝動。

我無法控制丈夫要走哪條路，只能控制自己的選擇。如果我不選擇最好的一條路，我們都會表現出自己最壞的一面，這樣就不可能建立親密感情了。走上最佳道路後，我就能表現最好的一面，因而得到能夠與丈夫建立親密感情的最佳機會。

勇敢地道歉

邱吉爾曾說過：「把話吞回去，從來不會讓我消化不良。」我可以保證他說的是真的。

你偶爾會闖紅燈，同樣地，有時你也會用不尊重的態度對待丈夫，因為世上沒有一個人是完美的。然而，當你發現自己對他無禮的時候，一定要向他道歉。所以，敬重丈夫的一項重要作法是：當你不慎失言，必須讓他知道你很懊悔自己說了那些話。

一開始，你或許會不停地道歉：每次不同意他的點子、對著他翻白眼、不同意他的穿著、在旁邊告訴他話該怎麼講。道歉可能讓你覺得有挫折感，但是這非常重要，因為道歉讓丈夫知道你尊重他。當你批評他、指使他、對著他嘮叨或表露不屑的反應，即使你心裡根本沒有歉意，也要盡力向他道歉。剛開始時，這種作法看起來好像很奇怪，甚至很不誠實。但我仍然建議你跨出這一步，表現出尊重丈夫的模樣。這是一項影響深遠的作法，因為它轉移你的注意力，讓你關注自己真正想追求的目標。一段時間之後，你就會發現心中對他真的有敬意。

道歉的時候，切記要指出特定的事件。例如你可以說：「我為你教女兒寫功課時，批評你的態度而道歉。」然後你要讓他表達對此事的看法。他說出看法時，你會感覺到一股又想批評的衝動。

千萬不要這麼做。

你或許想在道歉後接著說：「你應該要對六歲孩子更有耐心一點。」如果你這麼說，結果將是如何？你又不尊重他了。這時你該再次向他道歉，所以你的處境並不會比頭一次更好。道歉之後一定要聽聽他的說法，而且要把話聽進去。有時我會把他的話再講一次。也許你會說：「對，我很抱歉。」然後結束這場談話，卻沒有對這件事提出進一步的看法。

在某些情況下，你幾乎得用膠布封住自己的嘴才能忍住批評他的衝動。盡量想辦法讓自己住口。

我建議愛蜜莉向丈夫提姆道歉時，她心裡掙扎得很厲害。提姆在他們家的廚房裡裝了一盞燈後，她批評提姆做得不好。愛蜜莉解釋道：「他的作法完全沒有道理。他站在一張不穩的椅子上面，一隻腳踩在我們剛漆過的餐桌上。他只要走到車庫裡去拿梯子就好了，我也叫他這麼做。他這麼懶，一點也不在乎我們的新餐桌，我為什麼要向他道歉？」

愛蜜莉的話有她的道理。

但是批評提姆、用譴責的口氣對他講話，只會讓他們的關係更加緊張。他不願意去拿梯子，因為他不想被人控制。一旦他覺得妻子想掌控他，他對妻子就沒有眷愛的感覺。不消說，他當然沒有心情跟妻子一起歡笑、一起長談或是一起靜靜依偎在沙發上——這種週末下午的小事，累積起來就是親密的全部。

我鼓勵愛蜜莉就道歉這麼一次。根據她的說法，她後來喃喃地對丈夫說：「你在裝燈的時候，我沒有尊重你，所以我跟你道歉。」愛蜜莉的口氣雖然生硬，丈夫還是溫柔地笑了。他說：「我喜歡看到你的這一面。」

凱西的丈夫用釘子把門墊掛起來，好把它晾乾。「現在我的門墊上有個洞。」她抱怨道：「你是說，難道我連自己的意見都不該告訴他？」既然不可能用尊重的態度告訴丈夫他做了哪些你認為愚蠢的事情，順服的妻子最好什麼也不要講。相反地，一個順服的妻子要像凱西一樣，記住丈夫努力工作養家，他會在睡前倒杯水送到床邊給她，還會跟孩子玩耍，好讓她舒服地泡澡，他也會讓她發笑。在許許多多美好事物組成的龐大架構裡，門墊多了幾個小洞之類的小事實無大礙。

柯麗特的情況也差不多。她的丈夫無意中把孩子最喜歡的玩具丟掉了。「我才是必須為這件事付出代價的人。」她告訴我：「等到孩子發脾氣時，他人在辦公室。真是氣死我了！我簡直想吐口唾沫在他臉上。」

這位讓她想吐唾沫的丈夫也有一些優點。他同意讓孩子在她的宗教、而不是他的信仰裡成長；他努力與她的家人建立感情；他拚命工作，讓她能留在家裡照顧孩子。想過這些之後，柯麗特終於明白，把玩具的事情拿出來吵對她並沒有益處，於是她轉而向朋友傾訴這件事。結果她避開一個爭執的夜晚以及事後的冷淡與沉默。你知道她還避開了什麼？她避開了孩子因父母爭吵而放聲大哭，還有丈夫在床上睡得離她遠遠的。所以，不去批評丈夫並不是犧牲自己、悲壯至極的行為。

順服的回報

最初的時候，要我尊重丈夫簡直是不可能做到的事，因為我深信自己比他優秀。但是尊重的回報讓我感到一切努力都值得，美好的結果讓我更有意願去改善這份關係。我找到了尊嚴與自尊，還有和諧、更加親密，以及一個欣賞我的丈夫。無論有多少缺點，那些決定改變自己的女性也都得到同樣的結果。我們做得到，你也做得到。

你的丈夫也會為此而欣賞你。

chapter

2

放棄控制

Give Up Control to Have More Power.

若男人覺得伴侶不愛自己的真實面貌，就會在有意無意間重複對方不接受的行為。他感到內心有一種強迫性的力量，讓他不斷做出這些行為，直到感覺到對方的愛與接納，這些行為才會消失。

— 葛雷（John Gray）

即使你覺得自己是在幫他，也別再告訴丈夫該做什麼事、穿什麼衣服、說什麼話、怎麼做事。盡量不去管他。請記住：想控制他的念頭湧上來時，也要想想這種作法是不妥當的。

寫出五種最近控制丈夫的情況，反問自己：這些事情發生時，你在害怕些什麼？你的恐懼是否眞實？最壞的情況會是什麼？值不值得因爲控制慾而犧牲夫妻間的親密？學著面對自己的恐懼，放下控制丈夫的想法，創造夫妻親密的心靈空間，進而成爲能力所及的最好的那種人。

在控制的慾望底下，隱藏著我們的恐懼——強烈的恐懼。這種恐懼已經達到驚怖的程度，但是我們究竟在怕些什麼？

許多女性害怕丈夫無法獨立完成日常的家務。她們深信丈夫十分無能，足以威脅到家庭的幸福，而這只有在太太插手的情況下才能加以避免。每天我都看到筋疲力竭、氣急敗壞的女性非要掌管丈夫做事情的方法——無論是教導子女、處理金錢方面的事、工作的方法、甚至怎麼刷牙，否則生活就會分崩離析。

有些女性說，她們不敢自己出門，把孩子留給先生，因為她們「很確定」他不會花功夫為孩子作一頓像樣的晚餐、準時帶孩子上床或是檢查孩子的功課是否做完。還有一些女性懷疑丈夫的能力，不相信他有辦法帶她出去好好吃一頓晚餐，或是用划算的價錢買到汽車。她們告訴我這些顧慮時，我忍不住笑了，因為就在不久以前，我的想法跟她們完全一樣。現在我會問她們：「你認為丈夫會讓孩子餓死嗎？你認為買了休旅車以後，你們全家就會餓死嗎？」

她們的答案聽起來很不理性，但是大多數人的答覆真的是：「對。」

女性之所以有控制慾是因為她們害怕若不把所有事情攬在身上，需求就不能得到滿足。

你的丈夫可能是笨拙或粗心的人，但你若不徹底信任他一段時間，就無法確定這一點。他可能是個能幹的傢伙，只是把大部分時間花在防衛自己，以抵擋你的批評。若不停止控制他的生活，你將永遠體會不到跟他結婚的滋味。我並不是說你應該為丈夫的缺點負責，你的先生該為自己的行動負責。如果他是一個差勁的父親，或是冷落了家人，這絕不是太太的錯。同時，你若成天嘮叨他、貶低他、批評他、不尊重他，你就是在擊碎他的自信、才華與潛力——無論在心理方面還是經濟方面都是如此。

沒有控制的約會

我仍會害怕，但我不再讓恐懼控制我。我接受恐懼是生活的一部分，尤其是害怕改變、害怕未知。但是我已超越這些恐懼，儘管我的心怦怦跳著，對我說：「回頭，回頭，要是繼續冒險，你就會死掉。」

——瓊恩（Erica Jong）

我的恐懼如此強烈，跟丈夫出門享受「沒有控制的約會」時，我覺得難受極了。心理治療師鼓勵我作個信任丈夫的實驗，跟他出去約會一次，讓他在每一件事上作主——就這麼一個晚上。這一天，他要告訴我該穿什麼、什麼時間要準備就緒。他要負責開車、挑選餐館、替我點菜、付帳，以及吃完後要去哪裡。這個約會讓我有機會放鬆一下，練習信任他，讓他作決定。

這件事也證明，儘管我心裡有優越感，丈夫仍會提供我需要與希望得到的東西，包括為我點了我最喜歡的餐點。接受這項功課的態度顯示，我願意展現自己柔弱的一面——這是我通常極力避免的。

心理治療師知道叫我練習這麼做時，我很難拋開舊習。她必定知道，我那掌控全局的習慣很難徹底根除，就連一個晚上也做不到。要我跟自己的恐懼相處一整個晚上，幾乎是不可能的事。

我在約會時表現很差。他剛把車子開出去，我就料到他會帶我到哪家餐廳吃晚飯，並且告訴他走哪條路最妥當。到了餐廳，我告訴他停在哪裡，並且技巧地暗示他我想吃什麼。他在點菜的時候，我坐在椅子上焦躁難耐。

那天餐廳的服務很糟：上菜太遲、女侍不來招呼。我對丈夫說，我要找經理過來，叫他不收我們的錢，因為我們實在等得太久。約翰對我說，我們不趕時間，他很高興出錢請我吃飯。他還說，他很享受這個機會，能夠跟我坐在一起聊天。

我焦慮得要命。我們離開餐廳時，我求他帶我回家，而不是按照他的計畫去看電影，因為我感到非常痛苦。跟丈夫出去約會為什麼教我害怕？一點道理也沒有。

那天晚上我不可能受傷、受窘、無聊、覺得被剝奪了什麼，甚至不會被迫吃我不喜歡的食物。但是你們若看到當時的我，必會認為我是被迫去約會的，可見我的恐懼有多麼強烈。

事實上，我的恐懼跟他完全沒有關係。我是跟一個知我甚深、希望我快樂的男人在一起。早在認識他以前，我就害怕對情況失去控制。

無論手法如何優雅，宰制環境總讓我覺得安全與實在、覺得能掌握這個無法預測的世界。當我嘗試放棄這種令人不快的行為時，我學會了一感覺到控制慾出現時，就要向內反省，承認自己在害怕。不過這種作法只能初步改善我的人際關係、恢復與丈夫的親密。直到我培養出「信任肌肉」，並且身體力行，我才得到一直想要的契合感情。

艾美告訴我，她要控制丈夫的行動是有原因的。他應該少吃點肉，因為這樣對他的健康有好處；他應該走某條路到市區去，因為這條路可以節省時間，避開塞車之苦；他應該用她的方法裝窗簾，因為她的作法比較有效率。

艾美無法停止控制丈夫的「真正原因」是，她害怕自己若減少些許的操控，就會失去對自己很重要的某種東西。她害怕丈夫心臟病發作而失去他；她害怕她必須等他，因為他不知道上班走哪條路最快捷、用什麼方法修理房子最有效。艾美和大多數控制慾強的人一樣，她很聰明，點子多，想法也多。

告訴丈夫該如何的作法給了她一種安全的幻覺，但是她同時傳遞給丈夫一個訊息：她不信任他。

悍婦的七個習慣

感情若要有進展，就得經歷一連串的結束。

——森山（Lisa Moriyama）

控制別人的方法不勝枚舉。我或許全都試過了。

多年前丈夫對我說起，他在等待剪髮時看到一對夫婦。這位妻子的作為可以作為例子，說明我是多麼喜歡控制別人。理髮師盡力為這位丈夫修剪頭髮時，他的妻子站在旁邊，不斷地向理髮師發號施令。「腦袋後面不要剪太短。」她對理髮師說：「頂上的頭髮絕對不能翹起來。」

還有幾位男士在旁邊等著剪頭髮。理髮師給這位丈夫理好頭，這對夫婦離去後，所有的人都鬆了一口氣。我先生坐上理髮椅說：「我太太今天沒來，所以你得靠自己了。」

儘管我承認這個故事裡也有自己的影子，但我還是改變不了身上的七個悍婦習慣。我總是：(1)為丈夫發言，替他作決定。我告訴自己我在做好事，否則他的生活會變得一塌糊塗。有時我不想批評他，而是(2)用不同意的眼神看著他。對我來說，這種作法比較不會惹他生氣，但對他來說卻不是這樣。在我試著不用「這種眼光」看他時，我開始(3)提出問題，這些問題聽起來很單純，實際上卻清楚傳達了我的不以為然，例如，你要穿「那件」衣服嗎？然後，我會(4)試著向丈夫解釋，如果我是他，我會怎麼做，並希望他會照我意思做事。我提出(5)無數暗示性的建議，他在開車的時候，我(6)坐在旁邊緊張地喘氣，我對著他買的生菜(7)皺眉頭，我所有的急切的企圖都是為了修正他的行為。

這些作法沒有一樣讓我得到心中渴望的親密感情。相反地，這激怒了丈夫。約翰似乎總是在等我決定該做什麼，然後疲憊地跟在後面。我也許用自己的方式做了某些事，但是約翰開始依賴我。我覺得精神耗盡、寂寞難當，因為只有我一個人獨撐大局。

要是你的丈夫在理髮時毫無意見，或是開車時不注意路線，可能是因為他在等你作主。你若因為不信任他的能力而插手，就是在鼓勵他袖手旁觀。他會失去作主的慾望，因為他知道妻子永遠在旁邊等著掣肘。

你也許會說，事情總是有兩面。你會說——就像我以前所說的——他若不是這麼偷懶、這麼無能，你就不用跟在後面「幫忙」。

或許你認為，應該有人寫一本書教導男人，讓他們變成更負責的丈夫。

也許有人該這麼做。

但是，你無法迫使丈夫讀這本書，或是照著書上的想法做。所以，改善婚姻的唯一機會就是改變自己的行為。我聽到「真誠禱告」時深受感動：

上帝，請給我真誠的心，讓我接受我無法改變的（像我的丈夫）；

給我勇氣，讓我改變我能改變的（像我自己）；

再給我智慧，讓我了解兩者的差異（像他和我的差異）。

接納他的瘋點子

他一開始就讓她知道他們之間誰來作主。他直直看著她的眼睛，明確地說：「你是老闆。」

——佚名

放下控制慾最困難的一點是：有時我們無法確定，對方是否會反過來控制自己。

讓丈夫感覺你對他的想法不屑一顧是最危險的作法，也是控制他的一種巧妙方式。擊垮丈夫的構想時，你就是在告訴他：你不信任他。沒有信任就沒有親密。因此，放下控制的關鍵在於敬重丈夫的想法。

丈夫的構想也許有些愚蠢，但他和你一樣，有權得到思考的空間、有權去犯錯、有權提出瘋狂的點子。我們都需要有大聲說出想法的自由。所以，尊重丈夫想法的第一步就是讓他大聲講出來，不要批評他、取笑他、侮辱他或是表現不屑的樣子。

相反地，無論你對他的想法有何觀感，都要用親切誠懇的態度跟他說話。例如，他若提出換工作的瘋狂想法，把你嚇了一大跳，你還是要說：「由你決定。」他若想讓孩子去學滑雪，你卻覺得太危險，你還是要說：「由你決定。」他若提議你們兩人出去吃頓晚餐，但你希望省點錢，在家裡吃就好了，你還是要說：「由你決定。」

即使你認為他的點子瘋狂極了，還是要讓他知道，你尊重他的看法。練習著說「由你決定」，因為在你最需要這麼說的時候，往往很難說出口。為了得到最好的效果，你可以在平時多講類似的話。我聽過的包括「你說怎麼樣都行」、「你覺得呢？」、「聽你的就好」、「你想怎麼樣都好」，不過這些說法都沒有表達出你很信任他的看法，或你並不在意他的見解有什麼缺點。

「由你決定」顯示，無論他認為怎麼做比較妥當，你都同意他的想法。這種態度意味著：你將會同意許多事情，而這是以前的你所無法想像的。這種作法聽起來很危險，其實卻不然——你只是讓丈夫作他自己而已。

有時丈夫的想法能夠實現，有時卻不能。但是只要你信任他，並且敬重他的看法，不去控制事情的結果，我向你保證，你又向前跨出一大步，更能與丈夫建立親密的感情。他也許損失一些金錢，也許耽擱了你的時間，孩子們也許跌破了膝蓋，他的情況也許一塌糊塗，也許失去工作，也許帳單堆積如山，家裡連水也給停掉了。

這些情況並非永遠不變，也不是生死攸關，只是凡人會犯的錯。它可以讓你與丈夫的關係趨於緊張，但這可以避免。你可以作選擇：要用好多天的時間為這些事吵架？還是用好多年的時間來笑談這些事？

許多人有一種幻覺，以為在不以為然的念頭冒出來時立刻將它壓抑，這種想法就會消失，永遠不會變成行動，而導致不愉快的後果。我們相信，只要我們告訴丈夫換工作不是個好主意，就不必面對它所帶來的財務上的不安定。我們若拒斥他的想法，不同意讓孩子去學滑雪，就不必為孩子擔驚受怕。如果我們用「那種眼神」看他，讓他曉得我們認為他修不好水管，我們就不必看到他難受的樣子，不用聽他一邊修理一邊咒罵。

問題在於：當你擊垮丈夫的想法，你也殺死了他的精神。不敬重丈夫的看法，他就覺得受到拒絕。你讓他毫無選擇的餘地，只能相信你已經知道怎麼做最好、相信你擁有全部的否決權。你讓他明白誰是老闆：那就是你。他會不斷地想：「何必費事呢？」於是你感到筋疲力竭，感覺自己肩上擔著所有的責任。

你可以打破這種惡性循環。用信任回應丈夫的看法，他就會感覺到一種新的責任感。要是他說他能獨自修好水管，而你說：「你怎麼想就怎麼做。」他會感覺所有的責任都落在他肩上，因而更加害怕。他會慎重考慮這項任務，再看看自己是否想要承擔它。

感激的魅力

> 試著去欣賞你已擁有的，而不要拿所有力氣來追求自己想要的。
>
> ——費柏格（Abraham L. Feinberg）

但是，他若說出或做出真正很愚蠢的事，我該怎麼辦？

「要是我完全不同意他的構想，那該怎麼辦？」

「要是我確定我是對的，他是錯的，那該怎麼辦？」

如果你和我一樣，你可能會認為自己應該可以在這些情況下破例一次，出手掌控情勢。

錯了。

相反地，有時你特別需要順服。

當你非常想推動丈夫去採取行動時，要考慮自己有哪些選擇：閉上嘴巴，保持和諧？還是開口批判，導致憎惡與抗拒的反應？一旦你說了不同意的話，他會馬上與你保持心理距離。衝突使他不快，帶來心理上的分裂。你若不斷告訴他該怎麼做才對，就得忍受他在事後疏遠你。

你若靜默不語，保持平靜，提醒自己這件事總會過去的，往後你要面對的問題絕對不會是婚姻問題。了解到這一點真是令人如釋重負。

丈夫提出構想時，請記住：你嫁給了一個能幹、忠誠、勤奮、可靠的男人。他的決定若是成效不佳，別忘了他正在學習。下次他會更謹慎地投資，或是讓孩子穿上護膝，或是僱用一位專業人員。你若不用大驚小怪的態度來面對他的錯誤，他就會主動參與，在生活的每一個領域作主。

難道這不是你一直想要的嗎？有人能提出自己的構想，然後實踐它們？

以痛苦的程度為標準

當我們幻想自己控制了任何變化，我們便陷入最深的沉睡狀態。

——迪樂（Annie Dillard）

只有在一種情況下，你應該不同意丈夫的想法，那就是他要你在心理或生理上作出重大犧牲。他若認為你應該在炎熱的沙漠裡健行，而你知道這會對你的情緒與健康造成重大傷害，這時你必須對他說：「我不能。」醫生若給你開了重要的藥，丈夫卻認為你應該停止服用，改以在家休養來治病，你可以告訴他，這個方法不適合你。丈夫若主張你去上班，你卻不想整天不陪在孩子身邊，那麼就不要從命。相反地，丈夫若要你當家庭主婦，而你知道整天待在家裡會讓你發瘋，就不要聽他的話。

辨別是否該反對的方法是捫心自問：這個構想是否為你帶來心理或生理上的重大痛苦？他若希望你們兩人到格陵蘭去看鯨魚，而這不是你最喜歡的度假方式，那麼你該一起去，因為這並沒有對你造成情緒或生理的痛苦。你明白兩者之間的差異嗎？這種度假方式並非你認為最理想的玩法，但是它沒有威脅到你的福祉。關鍵在於你沒有控制他：你關注的是自身與自身的限制。

不過，妻子若是很順服，丈夫往往不會要求她去做可能讓她不舒服、不快樂的事。順服的妻子只需要說出她想做什麼、不想做什麼，配偶就會欣然同意，因為妻子的敬重讓他自然地去珍惜她。當他發現自己擁有你全部的信任，他就不願意讓你失望，並會產生強烈的責任感，希望達成你的期望。事實上，要是他知道你想穿著比基尼在海邊戲水，他很可能會帶你去別的地方度假，而不是去格陵蘭。

你越是不去控制他、越是敬重他的看法，他就越覺得自己有力量、有男子氣概。你的信心給他力量，提醒他自己是什麼樣的人。他會想去照顧你，讓你開心過日子。

他若覺得不受尊重，在他天性中的供給妻子、保護妻子與欣賞妻子的慾望就會減弱。妻子敬重丈夫，他就會自然地用更強的自信、更深的感激來回報妻子。他會更珍愛她，願意用更多的時間與心力，記住能讓妻子高興的種種事情。

作個VIP，不要作司機

順服丈夫最可怕的一點在於：你好像從此就再也不能按照自己的意思做事。然而事實與你的憂慮恰恰相反。

放棄不必要的控制慾、不去掌握丈夫做事的方法——他怎麼開車、穿什麼衣服、作什麼工作，以及如何使用洗衣機——你就能在你們的感情及生活中得到真正的權力。一手包下全部的事情並不能讓你變得有權力，只能讓你身心俱疲。相反地，放鬆心情、享受生活、讓別人處理大局，才是一種有力量的位置。坐在豪華轎車裡的大人物一定比掌控汽車的司機有權力。以下兩種情況可以說明這個觀念：

東妮快要吃不消了，她必須負擔所有的家務：上班、照顧孩子，還要想辦法付清每張帳單。她必須盯著丈夫，要他幫忙，要是他忘了，她最後總是接過來做。東妮告訴丈夫事情該怎麼做，但他好像永遠做不對。東妮還不知道，丈夫已經快要跟一位女同事發生婚外情了。

芭芭拉忙著照顧孩子，不過她的丈夫負擔大部分的家用，並且負責處理所有的開銷，所以她不必為這些事擔心。她經常請丈夫幫忙，把她覺得壓力很大的事情託給丈夫來做。他最近參加兒子的家長會，以減輕她處理家務的壓力，因為她感覺這位老師很難相處。芭芭拉很少告訴丈夫該怎麼做，但是他一直在想該怎麼讓她開心。芭芭拉不曉得，丈夫準備買個鑽石戒指送她當結婚週年的禮物。

東妮掌控了每一件事，以免淪為受害者。芭芭拉放掉控制丈夫的想法，好讓自己輕鬆一點。你認為哪一個人擁有最多的權力？你願意做哪一種人？

順服前的談話

就一個你無法控制的男人來說，只有一件事比它還要糟糕——一個你可以控制的男人。

——考芙曼（Margo Kaufman）

想像你和丈夫正在進行以下的談話。這是在順服以前我和約翰的交談。這些話大都是在客廳說的，我們原本可以在這輕鬆相聚，一起看報紙或做點活動，但是我們卻說了這些話。

範例一：送禮物給朋友

他：我想給史提夫買一個耶誕禮物。

我：你真的必須買嗎？他去年又沒有送你禮物。

他：嗯……，我想買。

我：我們沒有什麼錢，不要花錢買超過二十塊的禮物。你真的必須給他買嗎？

他：嗯……，也許買個小禮物。

我：我知道，我來烤點餅乾，把餅乾裝在罐子裡送他怎麼樣？

他：唔，好吧。

我：我們就這麼辦。

範例二：油漆房子

我：我們的房子必須重新漆了。我覺得我們應該今天就開始漆。

他：我不覺得。我還沒有想過這件事，而且今天我要做別的事。我們可以下週末再漆。

我：下星期應該會下雨。你根本不想油漆房子！你覺得鄰居會怎麼看這棟房子？他們會覺得它醜死了！

他：那我們就等到下星期再漆，現在漆真的時間不對。

我：有什麼不對？

他：因為我們今天有別的事要做。

我：那我就自己漆。我一個人做也可以。

他：你為什麼不能等一等呢？

我：因為你根本就不想漆！

他：你……（氣得齜牙咧嘴）

範例三：修車子

他：車子的煞車鬆了，我下週末會修一下。

我：下週末？約翰，煞車壞了是很嚴重的事。你難道不覺得該馬上修嗎？你不能開煞車壞掉的車。

他：我現在沒有時間，煞車再撐一個禮拜沒有問題。

我：我認為你應該立刻就把它修好。為什麼還要等上一個禮拜？

他：我現在沒有時間。

我：你必須為這種事挪出時間。

他：現在手上的事情太多，我得等到下星期才能做。

我：那你現在要去修嗎？

他：下個禮拜！

我：也許我可以替你修。

他：你為什麼不乾脆把我的頭壓到輪子底下，開車把我輾死算了？

我對每件事都享有否決權，但是這也表示，每件事都要經過我的審判。掌控大局的沉重責任給我帶來很大的壓力，耗盡我的心力。為了保護自己，丈夫守著電視，不想跟我說話。

順服後的談話

如今我跟丈夫的談話是這樣的：

範例一：送禮物給朋友

他：我要給史提夫買個耶誕禮物。

我：好。

約翰負責家裡的財務，所以我不必擔心我們是否負擔得起。我不再像以前一樣，對約翰的朋友斤斤計較，現在我很尊重他們，因為我知道他們給了約翰我無法給他的東西，他們的友誼就像我跟女性朋友的感情。約翰喜歡送禮物給我，也喜歡藉著禮物表達對朋友的欣賞。由我來挑禮物給他的朋友是多麼荒謬的作法。

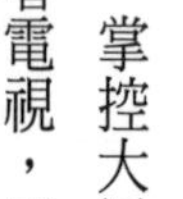

範例二：油漆房子

我：我希望我們的房子看起來漂亮一點。我想油漆一下。你覺得呢？

他：我覺得我們應該到店裡看一看，買點油漆，開始漆房子。

這是真人真事。請注意：我只是說我想這樣，而不是說該怎麼做。他也可以說：「我們僱個工人來漆吧！」或是「我覺得我們應該等到明年春天再漆。」

如果他這麼說，我也會同意，因為我寧願自己不要花費很大的力氣，迫使約翰去做他不想做的事。要是約翰不想漆，而我們還是漆了房子，我是順了自己的意思，他卻覺得不高興。和諧與親近是無上的禮物，它們遠比鄰居讚賞我們新漆過的房子來得重要。

範例三：修車子

他：煞車有點鬆了，下星期我會修一下。

我：謝謝你把煞車修好。

這一次我還是不必擔心約翰的作法，因為我相信丈夫能把車子維修得很好，而不需要我的意見。早在他認識我以前，他就會修理汽車，他的修車方法也很有效。也許他沒有採取我認為他應該採行的作法，但這並不表示他是個不負責任的人。

通往親密、熱情與寧靜的大道

有些女性會擔心，要是她們說：「照你的想法去做吧！」丈夫會大吃一驚，覺得她們不真誠。但是大多數的丈夫都會為了妻子信任自己而高興，因而不會加以質疑，以免破壞這種信任。你若擔心丈夫會懷疑這個新的「你」，就不要跟他多談，更不要長篇大論地說服他，讓他相信你是真心的。這種作法只會讓他起疑心。你只要再強調一下最初的想法就好。你可以說：「我相信你一定會處理得很好。」或是「不必去煩惱這件事，真讓我鬆了一口氣。」

踏上尊重的道路後，你會找到寧靜、輕鬆、喜悅與熱情。要是選了別的路，絕對找不到這些寶藏。

chapter

3

深藏不露

Keep Surrendering a Secret

智慧分成兩種：（1）滔滔不絕，

（2）深藏不露。

— 佚名

要答應自己，練習六個月的順服功課後再告訴丈夫這件事。在這段時間，不要什麼都講出來。找一、兩個願意傾聽的女性朋友，讓她們支撐你度過這段時期。

你若和我一樣，就會想要把自己學到關於順服妻子的一切事情，源源本本地告訴丈夫。你甚至想把這本書交到他手上。但是我建議你暫時不要對他講述這些新的訊息。對丈夫保密好像不是親密夫妻的作法，要是你不與他分享所有的心情，你們如何契合無間、互相了解？

但是我聽說過有些女性的經歷。這些聰明深思的女性在剛開始順服的時候，就把這件事告訴丈夫：

「這本書說，我應該更尊重你一點。」

「作者說，我不該給你建議。我覺得不該這麼做，你覺得呢？」

「我要開始順服，因為我恨透了什麼都是我在做。我要讓你看看，承擔這些責任是什麼滋味。」

「根據這本書，在你用錯誤的方法洗碗、穿著顏色不相配的衣服、給孩子包尿布的方法不對時，我應該什麼也不講。」

「從現在起，我要感謝你送的小禮物。」

「即使不是真心的，我也要假裝我尊重你、相信你。」

這些說法裡包含著批判與控制。這些女性之所以這麼講，是因為剛開始的時候，你心裡的憤怒、寂寞、憎惡與被剝奪的感覺十分強烈，在親近的談話中很難不流露這些情緒。但是這麼做會對夫妻的親密感情造成更大的傷害，造成你在順服初期感到氣餒。

與丈夫討論你的順服對大家都沒有益處。這就像剛開始節食的時候，偏偏要進麵包店去欣賞點心一樣。你若尚未養成不吃甜食的習慣，就有可能吃一塊巧克力蛋糕，使自己回到起步前的狀況。等你養成對甜食視而不見的習慣，上麵包店就不再是一種挑戰，因為你已能抗拒甜食的誘惑。同時，你的心中也得到動力，這種能力讓你更堅強。

我要特別請求你別說出來，因為我發現妻子往往會忽略這項建議。有些女性告訴我，她們知道不應告訴丈夫自己在學習順服，但是她們的丈夫跟別人不一樣，她們自己也跟別人不一樣，她們總是與丈夫分享一切的經驗。

一位女士對我提到她和丈夫的談話。她把這件事告訴丈夫，因為丈夫也是什麼事都對她說。儘管我建議她不要講，說出來以後，她還是覺得舒服多了。眼前她可能覺得好受，但是在這個她希望建立親密與信任關係的時刻，她告訴丈夫，以前他曾經讓她失望過許多次，這種作法就像在剛開始節食的時候，吞下一塊碩大的起士蛋糕一樣——結果招致自己的失敗。

整瓶水不會響，半瓶水響叮噹

我經常爲話太多而後悔，但從未因保持沉默而後悔。

——塞魯斯（Publilius Syrus）

「我丈夫難道不會發現我有點不一樣嗎？」許多女性問我。他當然會。大多數丈夫都能敏銳察覺妻子的心情與習慣（即使他們看起來一副漫不經心的樣子）。你的丈夫不僅會驚喜地發現他太太對他十分尊重、變得比較欣賞他、比較快樂，他還會得到一種嶄新而深刻的寧靜感，因為他每一天的生活經驗都改變了。他也會變得比較好相處，因為他不會基於情緒緊繃而發脾氣，你們也不會頻頻吵架。

但是他不會直接問你發生了什麼事，也不會為你頒發獎章或掛上獎牌。這種變化是輕微的，就像重感冒之後逐漸復元。你重新恢復健康，但並沒有出現巨大的變化，

讓人一見面就說，你的眼睛不腫了，鼻子也不紅了，現在的你真是可愛。你只是回到原來的那個和悅的自己罷了。

順服就是恢復以前的行為。丈夫可能要過一段時間才會發現這種變化。最初他或許會等待你再把鞋子扔向他。但他終會信任你的新行為。

丈夫不問你為何改變態度還有另一個原因。要是他習慣聽命於你，他得重新學習傾聽自己心中的聲音。當年就是這個聲音告訴他，他喜歡你、他愛你、他想要娶你。經過這麼長的時間再重新聽到這個聲音，可能使他心神不寧，因而沒有注意到你的改變。

順服於丈夫將會改變你全部的生活，也會改變他的生活。但是談論這件事與加以實踐完全是兩回事。

新的你、真實的你

希望世界如何改變，就得自己去推動。

——甘地（Mahatma Gandhi）

寶拉剛開始順服時，儘管她也看到婚姻出現了驚人的變化，但對於向丈夫「保密」的作法仍感到非常不自在。我建議她可以告訴丈夫，但是要至少半年以後再說。她同意了，六個月之後，寶拉變了。她不再對丈夫充滿判斷。她明白自己其實沒有什麼祕密要講。丈夫知道她變了，而且一點也不覺得她的作為是一種欺騙。他甚至曉得她的努力與順服有關，因為她的女性朋友也在學習順服。

你或許想問丈夫，他是否喜歡這個「新的你」，他最近是否注意到你的改變。人們都希望得到別人的肯定。你勇敢地經歷這段艱難的旅程，的確值得獎勵。許多女性沒有這種力量，你的堅忍令人激賞。但是你要求讚賞的對象不該是丈夫。儘管你作了許多努力，克服許多困難，還是不能為了你沒有控制他或是不再用粗魯的態度對待他而要他讚美你。

你所做的只是回到那個最美好的自己：本性良善、容易開心的那個你；容易歡笑，願意傾聽的那個你；嫁給夢想中的理想男人，全心全意去愛他、也為他所愛的那個你。

chapter

4

照顧自己

Take Care of Yourself First

古之欲明明德於天下者，先治其國；欲治其國者，先齊其家；欲齊其家者，先修其身；欲修其身者，先正其心。

— 孔子《大學》

順服需要耐心與專注。心裡如同油煎、身體疲憊不堪的時候，絕對做不到順服。照顧自己與接受丈夫之間有一種直接的關係。

列出十件因爲做起來有趣而喜歡做的事。再列出十件做完以後讓你覺得開心的事情。照顧自己的重要原則就是：每天在這兩類事情中挑一、兩件做。一天做三樣讓自己高興的事來照顧自己，就能讓你不致覺得身心快要耗竭。

發覺自己對丈夫越來越沒有耐心、沒有興趣時，就要反省你是否沒有把自己照顧好。

有一個最快的方法可以讓你找回本性良善的自己——把自己照顧好。若不持續地讓自己開心、讓內心的慾望得到滿足，生活就會變得灰暗，光是撐過每一天就已經不容易了。當你把所有的精力消耗在大大小小的事情上，就沒有力氣建立親密熱情的夫妻感情，因為這麼做要花力氣的。你若沒有心力可以付出，你的婚姻就沒有機會重獲生機。

想像你坐在飛機上，機艙內的氣壓突然迅速降低。氧氣罩從頂上落下，要保持清醒，就得戴上它。但是你帶著一個孩子，他也需要氧氣罩。

這時你會先給誰戴上氧氣罩？

你若先給孩子戴上，然後自己就昏過去了，孩子大概沒有辦法替你戴上。所以，你一定要先照顧好自己，再幫助孩子。

順服也是同樣的道理——你一定要先把自己安頓好。女性之所以對丈夫的不良習慣深感憤怒，幾乎都是因為沒有把自己照顧好。當你睡眠不足、沒有吃飽、氣力用盡或是壓力太大，你對任何人都沒有幫助，連自己也無法受益。超過自己的限度以後，你就不可能做到順服。順服意味著你承諾要抱持熱情、體諒對方，這種態度需要耐心與專注。但是，當我們覺得疲憊焦慮，這些特質都會消失。越能得到充分的休息、良好的營養，以及在工作、休息與休閒之間取得平衡，你就站得越穩，越能走向順服的大道。

單純的樂趣

不要忘記欣喜感受你光腳的大地，還有渴望撥玩你頭髮的輕風。

——季伯倫（Kahlil Gibran）

剛開始照顧自己時，你會有什麼感覺？照顧自己意味著：你不會讓自己累到筋疲力竭。你要找時間散步、泡個熱水澡，即使有許多事要做，也會擠出時間小睡片刻。你要珍惜單純的樂趣，例如欣賞自己最喜愛的電視節目。要是沒有這些單純的「耽溺」，一切事物——包括婚姻在內——都會讓你感到困難重重。一般而言，照顧自己就是敬重你的女性本質。

在家裡的時候，我們不必像工作時一樣，總是想把事情快快做完。在家裡，我們的價值不是來自於做了多少事。當我們有自信，覺得自己被人珍惜，我們就有「做自己」的尊嚴，而不一定要獲得「有成就」的尊嚴。我們會藉著跟其他女性談話、抱著嬰孩或是在港邊靜靜讀書，得到心靈的滋養。

蘇菲把時間全花在工作、打掃房子、開車送孩子學這個、學那個，還有準備週末的派對上。到了週末，狗跟臭鼬打起來，女兒莎莉心神不寧，蘇菲滿腹牢騷地來看

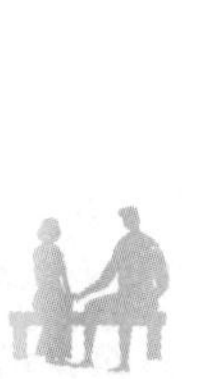

我，不停抱怨丈夫賈斯汀。他答應要送衣服去洗衣店，卻沒有辦到；他的車裡髒得要命；用完傳真機後，他總是忘記調到電話答錄機上。

賈斯汀和蘇菲是我們多年的朋友。她是一位勤奮親切的女士，他則是一個優秀迷人、缺點並不比一般人多的男士。我看得出來，蘇菲之所以無法忍受他那些普通人的缺點，乃是因為她感到心力耗竭。於是我提醒她，要把自己照顧好。

「是啊！」她說：「或許問題就在這裡。我已經太久沒有做過一件讓自己高興的事情。我幾乎忘了這是什麼感覺。」

難怪賈斯汀會讓她大發脾氣，蘇菲快要累死了。第二天中午，她到海灘上坐著看書，然後去買了一塊門墊，還去修腳指甲。往後幾天，她答應自己每天至少要做三件讓自己開心的事，以恢復內心的幸福感。她把早晨的會議從九點延到十點，以便挪出時間散步，讓自己煥然一新。她允許自己去買外帶的食物，這樣她就不必把整個晚上的時間花在準備、烹飪與洗碗上。她決定在星期六早晨大睡一場，不再清晨即起，準備出門購買一週的用品。每天享受一點小小的愉快，使蘇菲覺得生活沒有以前那麼緊張，她的心情放鬆下來，脾氣也變好了，包括對賈斯汀在內。她不再覺得他那些不完美的地方是如此刺眼。

安排享樂時間

你自己和世上的每個人一樣，也有資格得到你的喜歡與熱愛。

——佛陀

你如何知道是否把自己照顧得很好？以下是照顧自己的兩個重要因素：

- 做些當時覺得有趣的事。
- 做些事後覺得有趣的事。

對我來說，逛書店、看我喜歡的電視節目以及跟一個好友吃午餐都屬於第一種樂趣。在第二種樂趣方面，上健身房讓我覺得健康，洗窗戶使我心情大振。找出舊衣服送給慈善機構時，在陳舊而沾滿灰塵的衣服與衣架中埋頭翻攪，並不能讓我開心，但是把房子整理乾淨會讓我覺得十分清爽。想到舊衣服能讓別人高興，我就感到分外自豪。

許多人過於忙碌，不再知道什麼是單純的樂趣，也不再知道哪些小事能帶來成就感、強化我們的自尊。所以我建議列出十件你喜歡做、因為當時覺得有趣的事情，再

列出十件你喜歡做、但是需要自律的態度才能完成的事情——因為事後你會覺得非常開心。每天做三件讓自己高興的事，這樣你就能把自己照顧好。時間久了，這種作法就會成為本性的一部分。

有些女性告訴我，她們實在沒有時間做這些事。如果你有同樣的感覺，仔細地看看自己能不能放下某些事，為自己挪出時間。

蘇菲開始照顧自己後便開始明瞭，她沒法什麼都做——上班、整理房子、買東西，加上照顧小狗，使她無法挪出固定的時間留給自己。她必須作出困難的決定：繼續上班、繼續心力交瘁，還是改成一星期上班四天。這個方法可以解決她的勞累問題，但是剛開始的時候，她覺得自己在工作上不夠負責。

幸運的是，蘇菲問自己：對她最重要的究竟是在大公司上班？還是婚姻與自己？答案顯然是後者。

蘇菲知道，她的老闆雖然會對減少工作天的要求感到驚訝，但她仍是有價值的能幹員工。事實上，由於她曉得自己的工作天數已經減少，她在工作時更加專心，變得更有效率。對於工作女性來說，這是一種鮮為人知的現象：多數人能用較少的時間完成同樣的工作。想一想，這種作法是否適合你？誰說我們應該把一週中的五天貢獻給公司？

你若想：「這個辦法很適合蘇菲，但是在我的公司絕不管用。」這時，請三思而後行。第一個開口提出這種要求，並不表示公司不會同意。提出要求的確令人害怕，但是它能讓你恢復身心協調，絕對值得一試。

要是你的生活裡一點也安插不下照顧自己的時間，你又無法減少工作時數，我還是可以幫你。重新安排的時候到了：你應僱用一個清理房間的幫手，或是要求保母延長看孩子的時間，或是派青春期的孩子去買東西。記住，除非你照顧自己，你不會覺得生活有樂趣，更不會有力氣來學習順服。

讓丈夫照顧自己

當身邊的人好像全都達不到你的標準，你就該回頭檢查心中的那把尺。

——蘭里（Bill Lemley）

有整整一個禮拜，費絲沒法照顧自己。她的女兒因為生病而沒去上學。白天她被困在家裡，晚上也不能出去做自己的事。她的丈夫還是忙於工作，每週有兩個晚上去運動健身。費絲沒有為自己做一件事，她開始憎惡丈夫，因為他有自己的時間。幸運的是，她曉得問題在於她忽略了自己，而不是因為丈夫基於良好的運動習慣而出去運動。第二天晚上，她跟朋友出去吃晚餐，讓丈夫與孩子在家。猜猜看結果如何？他們點了披薩，吃得很開心。費絲回家時心情開朗，對生活抱著積極的態度。

記住，不要因為丈夫在照顧他自己而感到嫉妒。他有資格享受寧靜的心情、享受帶來放鬆與自信的種種活動。就費絲的情況來說，丈夫每週有兩個晚上不在家，並不表示他是個不體貼的人，而是表示費絲沒有為自己做點開心的事。當人心情低落的時候，很容易責怪身邊的人，認為他們不該比我們快樂。

拚命打造個好丈夫

有些女性拚命想打造個好丈夫，自己卻一直做不成好太太。

——佚名

照顧自己的時候，絕對不要請求別人的許可。只管宣布你的計畫，例如「今天晚上我要跟幾個女性朋友出去。」如果你有小孩，將他們留給丈夫照顧或是找人看顧他們。不要說：「我出去的時候，你會看著孩子嗎？」直接出門，信任他會照顧好孩子或會說出他需要哪些協助。

不要在他有事的時候決定出去，因為這是不體貼的作法。重要的是不要因為他可以離開家，而讓他感到不便，或是「讓他嚐嚐這個滋味」。同時，不要認定只有你應該為孩子付出，你有一個能幹的伴侶，他也願意分擔照顧孩子的責任。

唐娜開始練習照顧自己，每天至少做三件讓自己開心的事。她驚奇地發現，家中沒有人對她的作法表示反對。「剛開始我以為我很自私。」她說。過了不久，她逐漸習慣每天享受一點樂趣，獲得愉快的心情。她發現家裡的氣氛變得好多了。當她覺得快樂與平衡，就能用更良好的態度支持家人。她原本以為的「自私」舉動，其實是送給她最愛的人的美好禮物。

chapter

5

說出你的需求

Express Your Desires

若要得到自己想要的，你必須跨出
不可或缺的第一步：決定你要什麼。
— 史丹恩（Ben Stein）

不要遲疑，告訴丈夫你要什麼，無論是度假、換家具、讓孩子學鋼琴、挪點時間給自己、甚至生個小孩。但是一定要告訴他具體結果，而不是告訴他該怎麼做。

當你告訴丈夫你要什麼，卻不告訴他該何時做、爲何要做以及該如何做——也就是當你不去控制他——你就是給他新的機會，讓他能有成就感、能夠因讓你快樂而感到自豪。讓他來取悅你，你就會感到被欣賞、覺得與他親近。

當你對自己好、會去做許多事情來照顧自己時，你也是在鼓勵身邊的人要對你好，包括丈夫在內。同時，你越知道自己要什麼，越能大聲說出來，實現希望的機會越高。

當你單純地表達自己的慾望，你就是肯定自己、敬重自己，並且給丈夫一個機會——如此而已。相反地，向他解釋你沒有某樣東西，不僅顯得傲慢無禮，還會使你惹人討厭。

在順服之前，我經常抱怨丈夫、命令他去洗碗，但是這種作法毫無效果。大約在一年前，我說：「今天晚上我想做一頓好吃的晚餐，但是那就會有一大堆碗盤要洗，可是我不想洗。」他立刻說願意洗碗。事實上，往後的一星期，他又洗了好幾次碗。現在是他負責洗碗，我再也不用洗了。幾個月前，我開始每個月洗一次碗。洗好以後，他還會說：「謝謝你替我洗碗。」

有些人已經被訓練得不會說「我想要……」，也許因為有人教導我們不要如此自我中心，或是要為比較匱乏的人著想，或是要變得務實一點。例如，一位女士若在公園裡要幼小的女兒跟她回家，孩子會直接說：「我不要。」這位母親回答：「這樣講很不禮貌。難道你不想跟媽媽在一起嗎？」這位母親曲解了女兒的意思，把她想繼續玩的慾望解釋成對母親的攻擊。她這麼做就是在訓練女兒，不讓她有「我想要……」的念頭。

就像公園裡的這個小女孩，有些女性也被灌輸說出自己要什麼是一種沒有禮貌、不替別人著想的作法。這種看法是不正確的。了解你要的是什麼，願意把它表達出來，是對自己誠實的最佳方法，也是一種極有魅力的特質。直接說出要求的另一種作法是操控對方，這種手法使人變得可厭。第三種選擇是忽略自己的慾望，這意味著我們的生活將會缺乏讓自己開心的事情，我們將會因為精力、活力與滿意的感覺日益減少而飽受折磨。我們會憎惡許多事情，這種態度讓我們變得醜惡。

說出自己要什麼意味著你察覺到自己的感受與慾望，並且願意去尊重它們。這表示你了解自己有資格享受新的事物以及你所喜愛的事物。你不必浪費時間、精力去思考該怎麼做才能既得到自己想要的東西，又不顯得太自私。你不是受苦的烈士，沒有人必須揣測該怎麼做才能取悅你。一個了解與尊重自己的女性將會直截了當對丈夫說：「我要這樣。」

取悅女性

> 要是沒有女人，我們今天還蹲在地上大啖生肉，我們創造文明乃是爲了讓女朋友驚歎讚賞。
>
> ——威爾斯（Orson Welles）

儘管看起來好像不是如此，但是你的丈夫的確希望把你喜愛的東西全送給你。只要他知道你尊重他，你需要做的只是告訴他你要的是什麼、不要的是什麼，就像「我要養隻貓」、「我要送孩子上夏令營」或是「我不要搬家」，只要能力所及，順服妻子的丈夫都會愉快地從命，因為他的最大目標就是讓太太開心。你若不相信我的話，可以問問任何已婚的男士，你就會知道讓妻子快樂是多麼重要的一件事。我問過幾百位男士這件事是否重要，他們總是回答，「非常重要」、「那是關鍵」或是「那就是一切」。

無論何時，只要我想到那些妻子在店裡試衣服時，願意為妻子拿皮包的丈夫，那些妻子覺得冷的時候，願意把外套脫下來給妻子穿的丈夫，或是願意趕快出門給太太買包衛生棉的丈夫，我就明白男性為了讓妻子快樂，願意付出到什麼程度。你會發現，有些男性橫跨全國，把家搬到遙遠的另一州，只是為了讓妻子跟她的父母住得近一點。有些人每天開很遠的車上班，好讓妻子能住比較寬敞的房子。他們願意自己開舊車，讓妻子使用新車。他們是如此看重妻子。

但是我們很容易忽略這個事實，不曉得丈夫希望我們快樂。我們認為講出自己的要求是一種不高明的表達方式。有時我們要丈夫猜出自己的要求，這樣我們就不必承認內心的慾望。

要了解這種心情，請試著想像餐廳裡的女侍正在等你點菜，但你卻不告訴她要吃什麼，只說：「我想你知道。」或是「你看不出我餓了嗎？」在最好的情況下，女侍會建議你點特餐，或是隨便在菜單上選一道，送上來給你吃。這頓晚餐很可能吃得不如你的意。

要丈夫猜測自己的心思只是一種手法。藉著這種手法，我們不用表達慾望，因為我們不願意承認自己有慾望。以下我要討論幾種帶來挫折感、又無法滿足內心真實慾望的習慣。

避免指示

就像前面所說的，告訴丈夫該怎麼得到你想要的東西是一種效果很差的作法。但是許多女性還是經常給予丈夫種種指示，教導他們該如何實現她要的目標——彷彿他不曉得附近就有花店或購物中心一樣。

這種作法缺乏效用，因為丈夫感覺妻子在控制他或是不尊重他時，他的力量就會減弱，變得毫無生氣。他會變得比較吝嗇，開始與妻子保持距離，因為他失去了慷慨付出的意願。要是你發現丈夫變小氣，這可能是因為他把力氣花在保護自己上面，以避開你的批評。他沒有力氣去做其他的事來取悅你。要是你覺得丈夫是如此冷淡自私，你不必尊重他，他可能會繼續疏遠你，而你們將陷入永恆的僵局。

讓我們回到上餐廳點菜的情境。女侍希望你點菜，你卻不說出自己要吃什麼——比如說杏仁雞——而是告訴她這道菜該怎麼做。你描述雞肉該怎麼洗乾淨、如何調味、每一種調味料該加多少；你告訴她該怎麼煮、要煮多久、該加哪種配菜才會可

口。餐廳的工作人員自然覺得你很可厭。即使他們按照你的指示做菜，也會久久才端上來，因為沒有人喜歡別人告訴自己該怎麼做。

值得慶幸的是，大多數人上餐廳點菜時，不會告訴廚子該怎麼做菜。這種安排效果非常好：女侍把單子交給大廚，廚師負責烹飪，做好的菜便端到客人桌上。每一個人都很滿意。

我並不認為我的丈夫就像一個女侍，他的主要工作就是接受我點菜，但是我的婚姻也有類似的關係。我若對丈夫說，我想要什麼東西，他就會盡全力去得到它。

如果你以為丈夫並不在意你是否快樂，那你就大錯特錯。在你告訴他該怎麼做的時候，他可能只是在防衛自己，以便抵抗你的指示。

若你在大多數情況下都能尊重他，他天性中的感激與取悅你的慾望就會湧現，所以你應當勇敢對他說出你的願望。用尊重自己、尊重他的態度告訴他，避開任何有可能使他覺得你想控制他的話語——即便是最輕微的說法也要避免。

說出你的願望，讓他完成其餘的部分。當你告訴丈夫「我想要一件新衣服」、「我想再要一個小孩」或是「我想住大一點的房子」，你是在給他一個新的機會，讓他有成就感，能因讓你快樂而自豪。你給他的回報是：你因此而快樂、覺得他把你照顧得很好。你們兩人都覺得感激。

請注意，這些願望都是最後的結果。想要一件新衣服與要他上百貨公司買件衣服給你當作生日禮物是不一樣的。再生一個小孩跟叫他換穿寬鬆內褲，好讓精子流通順暢的要求大不相同。想住大一點的房子跟叫他要求加薪以便換房子，兩種作法更是天差地別。

你能分辨這兩種作法有何不同嗎？我是在建議你，告訴他你希望得到的最後結果是什麼，而不要規定他如何達成這項結果。

避免叨唸

女性希望丈夫按照自己的意思去做時，還會使用另一項方法：長篇大論地提出各種理由，好讓自己的要求顯得合理。你可以想像得到，這種作法通常是無效的。

你不會對餐廳女侍表演一場漫長的歌舞，說明你因為一整天沒吃東西而感到十分飢餓。對待丈夫也是同樣的道理，你不需要深入分析自己為何提出某些要求。

你不必說：「我要杏仁雞，因為雞肉的脂肪比牛肉少，而且我喜歡雞肉上澆點甜味的醬汁，而且我以前在這裡吃過這道菜，吃起來不乾澀。」也不必說：「我要一件新衣服，因為我的舊衣服都壞了，而且我已經有三年沒買新衣服了，而且我上個月從

家用裡省下四十塊。」雖然你只是在說明理由，聽起來卻像在抱怨。丈夫會開始防衛自己，甚至勃然大怒。你所傳達的訊息附帶著一種暗示：「你從來不覺得我有資格得到任何東西，但我告訴你，你錯了。」

告訴丈夫你要什麼並不是一場權力遊戲，也不是在考驗他是否會答應你的要求。這是讓兩人都覺得被取悅的一種作法。向丈夫說：「我想住大一點的房子。」並不等於對他說：「我要一戶新房子，因為這間房子小到快要把我逼瘋了！我恨透了住在這麼擁擠的小地方。還有，我覺得這一區治安越來越差……。」

避免命令

許多妻子習慣對丈夫發號施令，因而導致丈夫的憎惡情緒。對丈夫說：「你應該給我買蒂芬妮珠寶店的那條項鍊。」是一種命令。一切以「你應該……」、「你為什麼不……」、「我要你……」起頭的句子都有命令的意味，因為那是一種帶有控制意圖的要求。

命令丈夫去做某一件事的時候，你還是在控制他。你表現得像他的母親，他也會抗拒你的命令。強力的要求會激怒他，使他遠離你，不去實現你所期待的目標。

告訴他你要什麼之前，你要仔細考慮，想清楚你所要的最後結果是什麼。表達你所要的意味著讓丈夫明白你需要什麼、喜歡什麼，這種要求完全合理。

你是在釋出關於自己的訊息，而不是在啟動控制按鈕。你不必提出強力的要求，以免他認為你在命令他——因為丈夫想把你要的東西給你。

在電影〈第三類奇蹟〉中，約翰・屈佛塔飾演的角色去探訪一位住在小鎮外的女性，並幫她把兩個孩子送回家。他到達這位女士的住所時，她問他，一個突然冒出來、把她的孩子送回來的男人預期得到什麼——一頓晚飯嗎？屈佛塔答道：「不是預期，只是希望。」

於是她請他留下來吃晚餐。

表達慾望時，不要抱持期待，只要希望事情能如此成就。若能做到這一點，就可以隨心所欲地想要世上任何東西。大多數女性都做到了。不要因為擔心丈夫負擔不起就不敢表達心中的慾望。你不是在發布命令，而是在給他機會，讓他給你一個驚喜，讓他取悅你。

避免請求批准

我們有時不想直接提出要求，而會藉著向丈夫提出某些問題來粉飾自己的慾望。這種作法聽來怪異，但是許多女性都有這種習慣。不久前有位朋友來看我，我就表現出這種習性。當時客廳的窗戶是開著的，我站起來關上窗子時，沒有說：「我覺得很冷。」反而問她：「你冷嗎？我要關上窗子。」她並不覺得冷，也不在意我把窗戶關上，但是這個舉動與她的慾望沒有關係。感覺冷的人是我，而我希望得到她的同意，這樣才覺得自己比較不自私。

一位女士問丈夫說：「我們今天晚上能帶孩子去吃披薩嗎？」丈夫拒絕她後，她感到十分失望。她並沒有坦誠說出自己的慾望。或許她認為自己已經夠坦白了，但是她並未直接說明，而是提出一個問題，彷彿丈夫是她爸爸。因為他說：「不，今天晚上不行。」他就扮演了壞人。

這位女士若是直說：「今天晚上我想跟孩子出去吃披薩。」就不會形成對他發出命令的態勢。她的話只是給他機會，讓他做點事使妻子快樂。

你應如發表聲明般地直接表達，而不是提出間接暗示的問題，用「我想……」或「我不想……」的句子來講出心中的需要，如此你就能成為自己慾望的主人。

避免投射

有時我們把慾望投射到丈夫身上，好讓自己看起來不會要求太多。你是否說過：「今年夏天你不想去看大峽谷嗎？」、「你不覺得家裡有個游泳池很好嗎？」我說過這種話，丈夫回答他不太想看大峽谷或造個游泳池後，我就不得不跟他爭論，責怪他為何不想要我期望擁有的東西。他氣得要命，勉強同意我的要求，以求耳根清淨。但是我要的不只是他的勉強同意，我要他跟我有同樣的感覺，即使他就是沒有也一樣。

我發現，當我做了自己慾望的主人後，情況變得緩和許多。我只要說：「今年夏天我想看大峽谷。」或是「我想要一個游泳池。」

投射的另一種表現方式就是用「我們」來代替「我」。每當你用以「我們」開頭的句子對丈夫提出要求時，你很可能是在跟自己的慾望保持距離。

丈夫聽到我說：「我們該做這個、做那個」時，立刻感覺我在替他發言、試圖控制他。他並不想做那些「我們」該做的事。他只在乎「我」要什麼。

你不該說：「我們必須讓孩子去學鋼琴。」或是「我們得換新的百葉窗了。」試著說：「我想讓孩子學鋼琴。」、「我想換新的百葉窗。」

不要否認慾望

用斯多葛學派禁絕慾望的作法來滿足慾望，就像想買鞋的時候把雙腳砍掉。

——史威夫特（Jonathan Swift）

大約在六年前我想換房子，卻覺得我們負擔不起。我們的信用狀況不佳，當時住的公寓價錢下跌，但我還是告訴丈夫我想要這個。我們幾乎每個週末都去看房子，我希望我們終能找出一個辦法來買房子。

一個下雨的晚上，約翰和我去看一棟房子，廣告上寫著「屋主自售」。這裡的環境很好，但是房子看起來有點陰森，院子裡的樹木全枯死了，窗戶上還裝著防盜的鐵窗。我很確定這不是我們要的房子，但是丈夫立刻看出它是理想的家。幾個月後，我們把原來的公寓賣掉，以分期付款的方式向屋主買下這棟房子。我當時仍然認為這種作法不可能成功，但我們還是把原來房子的欠款還清，在沒有貸款的情況下住進新居。我們打掉鐵窗、清除枯樹。六年後，我愛極了住在這棟有四間臥室的美麗房子裡。

要是約翰不知道我要什麼，就不會在我想離去時，堅持把這棟房子買下來。我們往往是以意想不到的方式得到自己想要的東西。

我的朋友也有過這種經驗。她那年幼的孩子整天在車庫玩耍，所以她想在車庫鋪新地毯。她知道這不在預算範圍之內，但仍然讓丈夫知道她想要這個。過了一星期，丈夫回家時帶著一捲新地毯，大小剛好是車庫的尺寸。他有個客戶正在鋪新地毯，剛好多出這一塊，就把地毯送給了他。

一位房地產經紀人告訴我，有一次他賣出一棟百萬美元成交的房子，而買主想要賣方的汽車。當時他用開玩笑的口氣告訴屋主說：「這個價錢還包括車庫裡的那輛賓士轎車。」賣方不曉得他在開玩笑，竟然接受這項要求，同意把賓士轎車隨房子一起送給買主。

要是我不告訴丈夫我想換房子，他或許不會說服我買下現在的住所；要是那位朋友不告訴丈夫要換地毯，他可能不接受客戶的禮物；要是這位房地產經紀人不說出買主想要賓士轎車，買主就得不到這輛汽車。

現在你可以明白，說出自己想要什麼是何等重要了吧！

表達慾望還有一項優點：清楚自己要什麼的女人還給了丈夫一個禮物，那就是丈夫將會充滿自信，知道自己也是她所要的。

chapter

6

放掉
經濟大權

Relinquish the Chore of Managing the Finances

人生中沒有安全可言，我們有的只是機會。

— 麥克阿瑟（Douglas ）

若不想讓親密的夫妻感情間存在著壓力，就要讓丈夫管錢。跟他商量這件事之前，先仔細讀完這一章，實踐其中的步驟。

要是你願意在各方面順服於丈夫，卻不願放棄經濟大權，請再考慮一下。若你跳過這一章，將無法享受順服所帶來最美好的益處。

一開始，我覺得不去掌控金錢是一種自殺式的行為。我相信，要是我不緊密監督進出我們銀行戶頭的錢數，丈夫就會亂花錢。他也許每個月買一把吉他，而不會為了退休省吃儉用；也許他會抱怨我花太多錢來買衣服了。我擔心這麼做會使我一貧如洗，落到什麼也沒有的處境。

緊緊盯住各項開銷讓我心力交瘁。我擬定預算，把一切開支輸入電腦，但是開支從未按照計畫進行。我們總是賺得不夠、花得太多或是開銷太大。儘管是我在管錢，我還是責怪約翰，厭惡自己必須負擔支付帳單的沉重工作。

有一天我累極了，沒法再做下去。電腦跑出來的數字與成堆的帳單讓我肚子痛。我耗盡了力氣，再也不能執行這項難受的任務，於是我就此放手。我告訴約翰，以後我不能處理帳單的事了。以前我執意要一手包下，但是這並非我的本意。剛開始，我不覺得他真的相信我，但是這一次我是認真的。我終於放手了。

放掉經濟大權之後，你將不再覺得肩頭有萬斤重擔。付帳單、結算戶頭的收支、擔心是否有足夠的錢付貸款、有沒有錢出去吃頓晚餐——這些事情帶來很大的壓力。放下這些責任後，你也放下了管錢所帶來的焦慮與擔憂。

讓約翰管錢最困難的一點在於：我覺得自己變得很弱，他可以傷害我。當我思考哪一樣比較糟糕：是承受管錢的壓力？還是變成弱勢的一方？我就得不斷提醒自己，後者才能促進夫妻的親密。

放棄控制金錢的作法令人害怕，因為金錢能給我們安全感。要是有足夠的金錢，而且我們也知道錢在哪裡，我們就能向自己保證會永遠過著舒服的日子、可以處理任何緊急狀況、可以花錢享受各種服務——無論是剪頭髮或是請一個離婚律師來打官司。所以，放棄經濟大權會帶來什麼後果？你會處於最脆弱的處境，因為現在你要靠丈夫來提供讓你感覺安全與舒適的一切東西。結果是什麼？你必須用所有的力氣來信任他。

以下我要說明這件事為何讓我們覺得如此沉重：

1. 金錢關乎權力

身為一個控制慾很強的妻子，我認為絕對有必要對我們的銀行戶頭加以監控。你若是家中負責付帳單的人，就有權力依照事情的重要性來花錢——標準由你定。這種作法表示：丈夫沒有權力，對於家裡的錢該怎麼花，他無法決定。不要以為這種感覺不會影響他對自己的看法。

2.金錢關乎價值

金錢不只是鈔票，更是價值的象徵——它代表我們認為自己有多少價值。當男人能決定家庭收入該如何花用時，會覺得自己比較有價值。他會更為養家活口感到自豪，因為他發現他賺的錢與他能提供給家人的一切之間有一種直接的關係。

3.金錢與親密有關

對於男人來說，沒有任何東西比感到自豪和有男子氣概更能促進夫妻的親密。當他藉著花錢、存錢與投資來保護、支持他的家人時，最能感覺到與家人的親密。因此，在你交出經濟大權的同時，你也跨出強而有力的一大步，走向夫妻親密的大道。

就像其他方面的順服一樣，對於丈夫有酗酒、賭博等上癮行為或是不忠及暴力虐待的人來說，讓丈夫管錢可不是個好主意。要是你不確定丈夫是否有上述問題，就先不要對他順服。相反地，在採取進一步的作法之前，你應尋求心理醫師或支援團體的協助，看清楚丈夫是否威脅到你的安全。

要是你的丈夫已經在管錢，我要為你鼓掌歡呼，稱讚你的信心與信任他的能力，

因為你相信他會照顧你。我敢打賭你已經建立相當親密的夫妻感情，這是許多女性從未體驗過的美好感受。不過我還是要鼓勵你讀完這一章，以助你反省是否仍在使用細微的手法控制金錢。

這不是財務自殺

不去控制金錢的順服功課，對夫妻的親密至為重要。即使在以下的情況，也要學習順服：

- 多年來你一直有自己的戶頭，兩人分開來用錢的作法大致沒有問題。
- 你賺的錢比他多。
- 你害怕他會跳票，或是不明智地隨便花錢。
- 你認為這樣你的錢就會變少。

如果你覺得是把這本書丟開的時候了，請作一次深呼吸，繼續讀下去。要是你害怕失去權力，無法決定自己辛苦賺來的錢，你就要記住：控制與權力不一樣。你還是可以擁有跟以前一樣大的花錢的權力——只是不當家中的會計而已。你只要告訴丈夫你想要什麼，不再需要打電話給銀行，不用再費力地平衡收支或是為了沒有料到的開支而氣得跳腳。你少的是壓力，而不是權力。

三個奇蹟

> 人生的唯一財富就是生活。
>
> ——魯斯金（John Ruskin）

母親與兒子的互動模式（你規定丈夫他能花多少錢、能買哪些東西）毫無浪漫氣氛可言。讓他管錢之後，最先消失的就是這種關係。記住：男性對母親不感興趣。交出經濟大權後，其他的驚人改變逐漸出現。我不但再也不會嘮叨擔憂，還體驗到我和約翰談戀愛時感受到的三個奇蹟：

1. 終生約會的奇蹟

你還記得嗎？你和丈夫初相識時，每一次他請你吃晚飯、看電影或出去旅行時，你都有一種被照顧的喜悅。在多年的婚姻生活後，這種溫暖的感覺為什麼消失了？丈夫管錢以後，你或許會覺得處於弱勢，但是你也會感覺他在保護你、照顧你。

終生約會意味著你們將返回交往時各自扮演的角色。你還記得那時你們的相處是多麼有趣？讓他為你打開這扇門。不要責怪他花錢買汽水喝；謝謝他請你吃晚餐，告訴他你是多麼喜歡跟他在一起；讓他用以前的方式帶你出去玩；如果他以前沒有帶你出去玩，讓他開始培養這個習慣。你值得他對你好。

2. 慷慨相待的奇蹟

丈夫管錢時，他們對妻子往往比較大方，而妻子管錢時，對丈夫的用錢方式卻有諸多意見。或許女性只是想務實一點，希望少花點錢、多些存款，用來還清貸款或添件家具。我們知道，以目前的財務狀況來說，錢非常吃緊。但是對丈夫來說，為太太買一點超出負擔能力的東西是一種快樂，所以他們還是會寵愛妻子、給妻子驚喜。

我們把家用切割成許多細目開支時，就剝奪了丈夫付出的樂趣。無論他有多麼成功，他總覺得自己像一隻渺小的工蜂，只是被動地供養這個家。他不會為太太買許多禮物，只會給她一個遮風蔽雨的屋頂、餬口的食物，還有一些衣服。相反地，丈夫控制經濟大權時，他就處於可以每天都送你禮物的地位。要是你擔心他會忘記答應給你的禮物，或是有一天矢口否認有這回事，你大可不必憂慮。這麼做等於是讓全世界他最在乎的人失望。最重要的是，男性熱愛供養妻子、為妻子付帳的自豪感受。他會覺得自己是個有價值的人、是個充滿男子氣概的男人——這種感覺將會大幅增進你們之間的親密感。

3.財富增加的奇蹟

你負責管錢的時候，丈夫與他賺的錢沒有關係。他沒有增加收入的動機，因為他對家裡的花錢方式沒有影響力。

丈夫掌控經濟大權後，他與家中的金錢產生立即的關係。他的心中會有一種迫切感，覺得必須多賺一點，提供家人較寬裕的生活。男性對家中的金錢需求得到第一手的資料後，就會更明確地了解錢都花到哪裡去了，付清貸款後還剩下多少。

其次，他若得接受你對大小事情的控制慾——從他何時去看醫生，到他花了多少錢——即使表面上沒事，心中也會覺得受到貶低。如果你很久以前就注意到，丈夫可以賺更多錢，或是發揮更大的才華，你的想法沒有錯。一旦他感覺在家裡受到尊重，他的自尊就會提升，使他在工作時氣勢增強。要是最了解他的妻子認為他夠聰明，足以擔當為全家人管錢的重任，並且感謝他做得這麼好，他就會相信他真的是一個聰明能幹的人。

你越是認為自己有價值，成功的機會越高。以下的範例可以說明這個想法：

♡泰瑞莎學習順服的功課幾個月之後，她的丈夫就獲得加薪，收入達到每年兩萬美元。

♥吉娜不曉得丈夫現在賺多少錢，但是她在順服以後，個人能支配的金錢數目反而比以前多。

♥伊麗莎白開始學習順服。一個月後，她的丈夫贏得業務員的業績競賽，拿到一大筆紅利，並且獲得公司付款的旅行獎勵，於是他們享受了一生中最豪華的一次旅遊。

學習放手

> 上星期我去做了整容手術，然後我把信用卡剪了。
>
> ——楊曼恩（Henny Youngman）

即使你對在金錢方面的順服感到緊張，你還是要表現得充滿自信，並且遵守以下的方法。你可以把這件事看成一種實驗，要是你需要更多的激勵，可以回想過去是多麼疲憊，多麼吃不消這些事情。我知道這麼做很不容易，但是你做得到。只要把心思放在它所帶來的益處上：讓自己有更多的時間、收到更多的禮物、得到更多的照顧、壓力減少、財富增加、夫妻之間也更加親密。

以下是我所建議的作法：

步驟一：兩人的錢一起用

不顯露出脆弱的一面，就沒有親密可言。妻子不讓自己顯得弱勢的作法之一，就是控制家中的現金。為了表示對丈夫的能力有信心——相信他懂得如何賺錢、如何花錢、如何明智地管理金錢——你應把自己賺的每一分錢，或是從其他來源得到的錢交給他。信任他並不表示你可能得勒緊褲帶過日子，而是表示他會給你現金，讓你買下需要的東西。這種情況與你管錢的時候並無二致。

不必驚慌。在步驟二中你會發現，你很高興能享受跟以前一樣的生活水準，甚至比以前更好，就像你過去逐漸習慣賺錢養活自己一樣。

要是你是家中的主要收入來源，你會覺得把錢交給丈夫的作法聽來特別令人厭惡。但是你處理的若是你們合用的帳戶，而他的錢也存在裡面，那麼他來管錢正該是你所希望的。他若願意負起這個責任，你為什麼不欣然同意？

要是你和丈夫各自擁有自己的帳戶，錢也分開花用，我要強力建議你們合開一個帳戶，讓他來管理你們的存款。過去你的作法看起來似乎比較方便，但是你同時也在防衛自己的財產。如果你要的是親密感情，就得放下防衛。

除非你願意把錢與他合用，不然就無法跨越阻隔情感的這道障礙。要是我的話讓你心跳加速，歡迎你加入這個團體。你可以想出許多拒絕的理由——更別提女性主義者、會計師與婚姻諮商員的警告。他們會告訴你，把所有的錢交給丈夫是個可怕的主意。然而，我從來沒有看到這個想法失敗過，那總能讓妻子與丈夫更加快樂、得到更多的財富。

要是你仍然感到驚慌，要記住：你隨時可以恢復原來的作法。你要表現得非常有信心，相信丈夫可以把錢管得像你一樣好，甚至更好。

步驟二：擬定開支計畫

我在「親密工作坊」教導女性擬定開支計畫時，總是有人發問：「我為什麼要限制自己的開銷？」「預算」與「節食」一樣，一提起這個字眼，人們就覺得害怕，因為它暗示我們必須限制自己，讓自己難受。它讓人想到一疊疊的折價券，以及忍耐著吃完廉價午餐。

開支計畫與上述情況不同，它讓你用舒適的作法延續過去的生活方式。它不是用來省錢，而是用來預測你每個月需要向丈夫拿多少錢。

只有你能決定你需要什麼。以下的方法可以幫助你輕鬆正確地擬定開支計畫：

1.以平時的花用來預測開銷：對自己大方一點，尤其在他管錢的第一個月。

藉著記錄上個月的開支，你可以確實了解自己的需要。例如我的開支計畫包括買衣服、化妝品、書籍、CD、禮物、作按摩、日用品與傢飾品。我的開支計畫不包含家庭開銷，例如房租或房屋貸款、水電瓦斯和電話費、信用卡的帳單、車子的相關開銷、清潔婦的費用、其他貸款或是與丈夫出門約會的費用。他會處理這些事情。

有些生了小孩的朋友會把孩子的需要算在她們的開支計畫裡：玩具、尿布、衣服、托兒費、休閒活動的費用、生日派對，以及能增進孩子們的健康與快樂的一切事物的費用。

儘管我的開支計畫大致不變，每個月我還是會擬定一份新的計畫，好讓自己不致覺得受到限制。例如我若想買一套新的臥室家具，下個月的開支計畫勢必大幅增加。要是下個月我不買任何家具，我的開支就會降至平時的幅度。

2.向丈夫要現金：丈夫可能會每週、每月或是在他發薪水的日子給你一定數額的錢。這種作法有兩個優點：第一，你永遠不需要信用卡。沒有這種「便利」的東西，就比較不容易超出預算，每月算帳時也比較容易明瞭自己的支出情況。第二，口袋裡有所有的錢時，你會覺得自己特別有力量。

拿現金讓你得到自主權，在你想買東西的時候就把它買下來，而不必老是得回頭查看支票簿，了解自己帳戶的錢是否足夠。

3.不要擔心丈夫負擔不起：這件事不該由你來擔心。當你把經濟大權交給他，就該讓他決定給你的錢數。或許你會得到更多的錢，或許會少一點。無論是多是少，都要感謝他並且盡力小心使用，因為這是他所能負擔的極限，而他還要顧及家庭的其他開銷。記住：有時你會得到較多的錢，有時必須節省開支，這與你當家的時候並沒有兩樣。他若送你禮物，就要體貼地接受。要是抱怨連連，你就無法保持體恤的態度。

4.遵守計畫：你要讓丈夫能夠精確估計出全家的開支，不必擔心你會在月中突然通知他錢已用盡。同時，你要讓自己顯得有信用。謹守計畫能讓他了解，只要他把你要求的錢數給你，你就會得到足夠的照顧。

用輕鬆的態度對待自己。記住：你的目標不是存錢，不過你若存得下錢來（很可能做得到），那也不錯。現在不是禁絕多年習慣的時候——例如早晨到星巴克喝杯咖啡——不該為了省錢而刻苦自己。不要把這種小小的奢侈從開支計畫中剔除。目前你仍然可以享受這種活動，但你一定要告訴丈夫，你是多麼感謝每天早晨的這一杯香醇的咖啡。

5.每月更新計畫：要是你發現，你真的很難不超出開支計畫，你可能低估了自己的需要。我之所以要你每月重新評估開支計畫，就是因為這個原因。

然而，你若每個月都超出預算，你就可能有「強迫性花錢」（compulsive spender）的問題。在這種情況下，我建議你尋求專業協助，學習對金錢作出明智的決定。你若一直亂花錢，就沒有希望與丈夫建立親密感情。

步驟三：不用支票

採取這項作法時要小心，因為它有一些陷阱。我看過有些交出經濟大權的太太對丈夫說：「你必須負責管理支票，然後給我錢，讓我依開支計畫使用。」

這種說法仍然是在命令丈夫該怎麼做，對夫妻關係完全沒有幫助。

琳達問丈夫是否要管支票時，他說：「不，不用了。」於是她打電話告訴我，她沒辦法在支票方面交出經濟大權，因為丈夫不想管理支票簿。這個答案一點也不令人驚訝。琳達並沒有放下控制的念頭，相反地，她向丈夫要求許可，讓她繼續控制局面，而她得到了滿意的答覆。

即使你認為丈夫很高興由他來管錢，仍要記住：你是在引進一種地位的改變，這種事情總是令人不快。你會想告訴丈夫，你無法繼續管錢，因為壓力實在太大。這是真的——你真的再也做不下去，也無法得到你渴望與丈夫建立的親密、浪漫、熱情與溫馨的感情。

有些女性沒法坦承，她們是因為受不了而不能繼續管錢，於是她們宣告，自己是因為不想管錢而放手。我不建議妻子採取這種說法。大多數丈夫會覺得這是一種抱怨，就像「我今天不想洗衣服」一樣，而不是一種需要幫助的請求。

我知道你不喜歡「我做不到」的講法；我知道過去三十年來女性一直堅持推動「女人什麼都做得到」的看法；我知道優秀的心理醫生會教你說「我選擇不這麼做」，而不是「我做不到」。

但是，把「我做不到」從你的字典中拿掉會導致一個問題：你很難為自己設定界限。說出「我做不到」等於在說「這件事不值得讓我付出這麼大的代價」。它也提醒自己與對方，我們是平凡的女性，而不是女超人。

說出「我做不到」的確顯得比較弱勢，但也顯得更有說服力，因為你不只是在抱怨──你是在承認自己的限制，承認你需要協助。有愛心的丈夫永遠會敬重妻子要求協助的心聲。

例如，孩子若對你說：「媽，我不想做功課。」你或許會回答說，你可以了解這種心情，但是功課還是得做。但是孩子若說：「媽，我不會做這些功課。」你也許會提供若干協助。你看出兩者的差異了嗎？

上帝沒有要你管錢

習慣支付帳單的女性有時會覺得，管錢是她的工作，所以，當她放下支票簿，就會覺得沒有盡到自己的職責。她會問我：如何才能讓丈夫擔起她做了許多年的工作？要是你有這種感覺，就要捫心自問：你為什麼堅信管錢是你的職責？若非上帝親口告訴你，你應該掌有經濟大權，就是你在多年前自己攬下這件事。現在你只要去除這種看法就好。你不必強迫丈夫管錢，你只要放下它。

我並不是說，放下是一件容易的事，但這是一件單純的事。要是你一直緊握住某一件事物，但你無法再保有它，這時你只要放下就好。

交出經濟大權的一個良方就是把支票簿拿出來，對丈夫說：「我不能再管錢了。我的壓力太大，快要受不了了。」要是你願意，可以告訴他，你覺得他會把錢管理得更好。你只需要說這幾句話，一旦講完了，就不要一直說下去。然後，你可以把支票簿放在餐桌或其他公共空間。即使幾天後它仍然擺在原處，也不要主動提起這件事。

不要解釋該如何平衡支票簿裡的收支。

不要告訴他該支付哪些帳單。

除非丈夫就某一件事向你求助，不要主動幫忙。他可能根本不需要協助。

當他拿起支票簿，開心、盡職地支付帳單，一點也不顯得迷惑或煩憂，這時你或許覺得奇怪。不要擔心，現在你不需要控制局面，只要專心把自己照顧好，而你已經開始做了。往後要怎麼做，應該由他來決定。他可能需要一點時間。你或許不會聽到丈夫說：「好吧，我來管就好。」但你還是要讓他接手。你只需要做一件事：把你的開支計畫給他。

跟丈夫討論由他管錢時，他們往往會反對這個想法。千萬記住：不要涉入。莉茲交出經濟大權時，葛瑞格表示對她很失望：「我以為我們是一個團隊。」他抱怨道：「我沒有時間做這個，因為我的工作太重了。你比較輕鬆，該由你來做。」

傾聽丈夫的反應，不要承諾任何事。例如，他若說：「我絕對沒有時間來付帳單。」你只要承認道：「我聽見了。」這並不表示，你要收回自己的要求。這時不要試圖去解決問題，否則那只會讓你回到起點。堅持最初的宣告——你就是沒法再做下去了。不需要提出進一步的說明。

幸運的是，莉茲沒有吞下眼前的餌，她什麼也沒有說。葛瑞格接管了支票簿，不久以後，他甚至替莉茲的公司管帳。幾個月後，我問他管錢的感覺如何。

「這是我最想要的。」他大笑道。

他顯然覺得能夠把家人照顧得很好，讓他感到很有權力，也很有成就感。這都是因為莉茲巧妙地交出經濟大權，堅守她的開支計畫。

發掘他的慷慨天性

人不會因爲袋子髒了，就把裡頭的黃金丟掉。

——佛陀

我建議交出經濟大權時，每位妻子都有一長串的反對說法。有人擔心丈夫工作辛苦、健康情況不佳或是數學不好，管錢會使他負擔太重。無論你的理由是什麼，你仍然認為丈夫能力不足。你可能害怕自己依賴這樣一個人。

對他要有信心。記住：你嫁給這個男人是因為他很聰明能幹，為什麼你現在要懷疑他呢？他仍然是那個值得依靠的男人。即使不信任他，也要假裝對他有信心。他會達到你的期望的。我在每一個案例上都看到丈夫的改變。

對丈夫有信心意味著你不會打開郵件，查看他是否準時付清帳單；你不會檢查銀行存款的餘額，看看戶頭裡還剩多少錢；他因判斷錯誤而損失金錢時，你不會驚惶失措。只要你的需要得到滿足——有房子遮風蔽雨、汽車有油、冰箱裡有食物、衣櫃裡

有衣服、錢包裡有錢——你就要試著不露出驚慌之色。給你的男人機會，讓他學習為你效勞。

有些妻子擔心丈夫太小氣，不會讓她們去做臉、修腳指甲或是請人照顧孩子。小氣的丈夫往往是強勢妻子的副產品。在我看過的每一個例子當中，丈夫的小氣個性會隨著妻子交出經濟大權而徹底消失。直到你讓他管錢，你才會知道他有多麼大方。想想：你們交往的時候，你覺得他很小氣嗎？這個讓你心醉的男人就要回來了……，只要你給他一個機會。

天生一對

在金錢上順服並不表示丈夫永遠不會犯錯。貝絲順服了幾個月後，發現家裡的電話因沒有付錢而被剪線。她必須到鄰居家裡打電話給丈夫。她沒有批評丈夫做得不好，只告訴他電話線被剪了，她不喜歡這樣。結果還不到晚上，她家的電話就恢復使用了。貝絲打電話告訴朋友，這件事讓她覺得多麼丟臉與失望。丈夫回家時，她謝謝丈夫付清電話費，並且壓住想向他發脾氣的慾望。我為她的成熟表現喝采。

貝絲或許可以向丈夫大吼，指出這種事令人無法接受。她原本也可以抱怨電話被斷線所帶來的困窘與不便，讓鄰居覺得他們不負責任或是快破產了。就眼前來說，發脾氣可以讓她好受一點。但是羞辱會毀掉親密。貝絲看重她所要的：與丈夫保有親密感情。這是她的選擇：讓斷話僅僅成為生活上的不便？還是演變成夫妻的心理創傷？貝絲選擇了前者。儘管那天晚上她對此事耿耿於懷，但至少事後他們沒有因此而留下心結。

過了一個月，我家的電線因為積欠費用被剪了。我想到貝絲，並為這種諷刺的處境大笑。我當時正在寫一本書告訴別的女性要信任丈夫，讓他們支付帳單，但是在這個過程中，我連電腦也開不了。

外面的天氣很好，我但願自己能告訴你，我利用這個機會到後院走走，享受陽光；我但願自己能對你說，我們叫了外送的晚餐，在黑暗中點起蠟燭；我但願自己能說，我平靜的讓丈夫處理每一件事。

不幸的是，我若這麼說，就是超級大騙子。

我沒有放鬆心情，而是力圖自救。我找出支票簿，走到最近的分行，開了張支票，但我連戶頭裡有多少錢都不知道。幾小時後，電又來了，但我錯過了信任與放鬆的機會。我打電話告訴貝絲這件事時，我突然發現，以後這種事恐怕還是會發生，希望我下一次能做對。

我大可把注意力放在我是多麼信任約翰，而他讓我多麼失望上面；我大可在當時就決定把經濟大權拿回來。在那一刻，我很想這麼做。但是我身為推動順服觀念的人，無法就此放棄平日宣告的作法。相反地，我被迫要記住：我和丈夫一樣，處理金錢的事情時也會出錯。

過去的確是我在付帳單，但是我也作過若干虧大錢的決定。我開過一家小公司，它簡直是個無底洞，從成立到結束，六個月來都是如此。我買過一些我們負擔不起的東西，好幾次發生跳票問題。我甚至不由自主地買下一戶小公寓，讓我們被迫在裡面住了四年。對我來說，我的舉動好像不顯得不負責，因為犯錯的是我。要是我公平看待彼此，我就無法指出他的錯處，而不反省自己的缺點。

就像湖水的表面永遠會趨於平坦，我和約翰的搭配也是天作之合。我們對金錢都有某種程度的不負責任。

約翰從未為了金錢的過錯而批評我。我決定放鬆一點，不要責備他，尤其是因為他在承擔我再也無法處理的事。

所幸約翰與大多數的丈夫一樣，很快就學會了付帳單，從此他再也沒有在這件事上出過狀況。

就像前面所說的，你和丈夫也是天生一對。他喜歡隨意花錢，你對花錢比較保守，並不表示就得找律師談離婚。「相配」的作法不可勝數，例如他的愛花錢與你的節儉成性可能都太過極端，可以互相平衡。或許你害怕失去金錢的心理與他的投資野心正是一體兩面。你在銀行裡擁有存款，他卻知道如何享受人生。

婚姻的一個禮物是：隨著你們的成長，你們會越來越親密。你們會治好對方心中的傷口。當你知道他是負責的人，而且會忠心地帶領家庭往前走，你就不會再有金錢方面的恐懼。當他發現沒有人會告訴他什麼能買、什麼不能買時，他就不會再貿然投資。你們的智慧與成熟度都會滋長。只要你們持續地掌握住這場複雜微妙、神奇難測的婚姻之舞，你們終會把對方個性中最美好的一部分引發出來。

chapter

7

體貼地接受

Receive Graciously

接受的藝術在於：對方幫了你一個小忙後，

你讓他很想再幫你一個大忙。

— 林恩斯（ Russell Lynes）

無論丈夫送你什麼都要體貼地接受，不管是幫忙帶小孩、送你一條項鍊或是爲你按摩肩膀，都要接受丈夫的周到與好意。體貼地接受就是放棄控制的終極行動。

即使你不確定自己是否想要這份禮物或是認爲他無法負擔這些錢，都要張開雙手欣然接受。你會收到以前從未想過的禮物。

把「接受，接受，接受」當作你的六字箴言。

丈夫開始管錢後，你會發現他送你的禮物比以前多了。你要改良自己的接受技巧，以免降低他的熱情。

接受聽來容易，但是許多人就是沒法接受丈夫送的禮物。禮物可以是裝在盒子裡的東西（像是一件毛衣或一條項鍊）、貢獻時間與心力來減輕你的負擔（像是做晚餐或替你洗車），或是一種感情與欣賞的單純表示（像是一句恭維或幫你按摩）。

我們無法接受禮物的原因有二：第一個原因是我們不相信自己有資格接受別人的禮物，接受禮物就是欠對方人情。第二個原因是我們往往會輕視禮物或拒絕接受禮物——尤其是對方的恭維——好讓自己顯得謙虛有禮。

多年來我一直覺得自己不值得丈夫送我禮物。有一次我們出去約會，約翰對街上

的小販說，只要我挑中任何一件珠寶，他都會買下來送給我。我向他道謝，拒絕了這個禮物。我在心中計算他要花多少錢請我吃午餐、多少錢坐船與看電影。我覺得我不值得他為我花上這許多錢。當時我並不了解，我剝奪了我們兩人享受美好經驗的機會，而這一切只是因為我認為我不值得。

同時，我對別人的恭維總是不屑一聽，這是為了讓別人知道我並不自大。別人若讚美我的頭髮，我就抱怨說頭髮不聽話；人們若說我口才很好，我就反駁說我有口吃；別人若稱許我的表現，我就警告他們說，這件事沒有看起來那麼困難，好讓他們曉得我不是那麼自滿的人。有時我甚至對恭維抱著懷疑的態度，以提防對方說假話來操控我。事實上，我不想因為接受恭維而居於弱勢。

接受禮物讓人覺得落居下方，因為掌控形勢的人不是你。你沒有告訴丈夫他該怎麼幫助你、沒有選擇你要的東西、也沒有決定什麼時候要它、在哪裡得到它。相反地，你只是接受——接受送到你面前的東西——這種態度讓你感到不安。就定義上來說，接受是一種被動的行為。

在我的工作坊中，我要參加的每一位女性想出一句好話來讚美坐在右邊的學員。這時，女性自認沒有資格接受禮物的心理就特別明顯。許多女性不願接受恭維，想要用開玩笑或蔑視的口吻來否定它，無法坦然接受讚美的話語。

你的獨立不會被偷走

我對別人的禮物或幫忙之所以有拒斥心理還有一個原因：我認為這會威脅我的獨立。例如同事若請我吃午餐，我會覺得：「我可以照顧自己。」我信仰女性主義，認為我必須什麼都自己來。

我相信女性應得到與男性一樣多的選擇：接受教育、滿意的事業、全職母親、婚姻或是這些項目的各種組合。對我來說，女性主義的目標就是讓更多女性得到更多的選擇。我選擇讀大學與追求事業；我認定自己是個女性主義者；我在二十多歲結婚時，選擇不從冠夫姓；我知道我的意見有影響力；我是個聰明的人。事實上，我是如此獨立，如此能幹，我相信我可以憑著自己的力量成就任何事情。我很難承認自己需要任何人的協助。所以，有人慷慨地表示願意協助我時，我覺得自己的獨立受到威脅。然而這不是事實。

所幸我學到了接受的藝術。

微笑著道謝

歡喜迎接到臨的一切，不要渴想得到別的。

——紀德（Andre Gide）

你有資格得到甜蜜、美麗、豪華的東西，你的男人也有資格享受把它們送給你的樂趣。你要學著體貼地接受，禮物就會逐漸增多，帶著丈夫的熱情送到你面前。你若沒有料到他會送你東西、禮物若很昂貴，或是你不需要它，你或許想說：「我不需要這個。」或是「你不必費這麼大的功夫。」只要你的答案不是「謝謝」，你就是在拒絕他。你等於在說：「我不看重我在你心中的特殊價值。」這是一種傷害對方的訊息。相反地，體貼接受的本身有時就是最好的禮物。

所以，即使禮物不合你的意，也要體恤地接受，感謝對方想著你、為你買禮物的這份心意。

隱藏的成見

體貼地接受意味著當你允許別人送你禮物時，你了解對方因此而感到快樂。你打開心胸，接受別人送給你的東西。體恤的態度包含了柔和與脆弱——這兩種特質是親密感情的關鍵要素。拒絕對方的禮物或是含蓄地批評禮物是一種冷酷、嚴厲的反應，使彼此的距離逐漸拉大，而不是更加親近。

務實地說，體貼接受的意思是：丈夫主動表示願意送孩子上床睡覺、帶你去看表演或是在派對中替你找張椅子坐時，你要甜蜜地微笑，對他說聲：「謝謝。」

聽起來很容易，對不對？但是許多女性內心潛藏著某些成見，使她們無法接受丈夫想送給她們的東西。以下是一些例子：

「如果他帶孩子睡覺，他又會讓孩子把睡衣穿反了。」

「他累了一天需要休息，所以我來帶孩子睡覺。」

「我們沒有多餘的錢看表演。」

「如果讓他選要看的片子，我可能不喜歡。」

「只有一張椅子，我不好一個人坐，所以我站著好了。」

「我旁邊的這個恐怖女人是家長會代表，我不想跟她坐在一起，所以他拿來的椅子我不坐。」

這些看法都有它的道理，但是那會阻礙接受禮物的心情，進而阻礙親密感情。無論理由為何，當你拒絕對方的禮物，你就關閉了彼此之間歡愉結合的大門，而這種結合的感覺來自於讓他照顧你。同時，你不讓他享受慷慨供養你的自豪感覺。每一次拒絕丈夫的禮物，你就錯過一次機會，無法與他心中渴望取悅你、珍惜你與崇拜你的那個部分緊密結合。

接受，接受，接受！

你的想法的確重要，你也有權利把想法表達出來，但是在說話之前，先想想你必須付出的代價。孩子的睡衣穿反了並不是什麼了不起的大事，但是批評丈夫做錯了會讓他覺得受到貶抑；拒絕跟丈夫出去看表演或是暗示他在金錢上不負責任，會使他懷疑自己的判斷力，降低往後帶你出去的熱情；他站著的時候，你不坐他拿來的椅子，這種作法或許讓你感到更加平等，但是剝奪了他享受給予的樂趣，也沒有讓自己體會到接受的樂趣。當你這麼做的時候，你就等於是選擇用堅持自己的作法來犧牲親密。

想想看，在約會結束時，若你不是站在那裡，等待對方吻你，而是臂膀交疊，瞪著對方。這個男人必須非常勇敢或是非常不體貼，才敢在這種情況下吻你。在前一節的情況下，你若對丈夫說：「沒關係，我自己來好了。」或是採取行動、尖叫著表示憤怒，就等於在道別時站在原地，握緊拳頭，防備著他要親你。你拒絕了可能來臨的禮物。

丈夫主動表示願意幫你、開口恭維你或是送你東西時，對你最有利的反應就是體貼地接受，不作任何批評。這種作法不會讓你變得無能，或是奪走女性爭取到的政治與社會權益，而會使你的婚姻更加親密、更加充實。

我逐漸明白，體貼地接受禮物遠比拒絕禮物更需要勇氣與成熟。拒絕禮物乃是基於一種錯誤的獨立觀或是要求自己謙虛的想法。今天我經常用六字箴言來提醒自己要和氣地接受對方給我的禮物，那六字真言就是：「接受，接受，接受！」

意外的禮物

讚美的時候，我大聲稱道；責怪的時候，我輕聲細語。

——俄國女皇凱撒琳二世

如果你在想：要是丈夫會送你禮物就好了，那時你一定會快樂地接受。你可能忽略了他給你的禮物。如果禮物不合意，女性往往會忽略丈夫給她的東西，因而完全沒

有接受。於是她覺得有所缺乏，好像她從來沒有收到任何東西。

缺乏的感覺有時促使妻子去操縱丈夫，要他們送自己某些東西。我們列出禮物的清單，直接說出他若不買生日禮物給我們、沒有隔一陣子就送我們一束鮮花，我們就會多麼傷心。他的反應通常不太熱烈，總是慢吞吞地去辦事，讓妻子知道他感覺這是一種負擔。於是我們相信他是一個懶惰、不體貼的人。即使他照辦了，我們還是不開心，因為我們不只是要他送禮物給我們，我們還希望他「想要」這麼做。

拿羅珊和瑞克作例子。羅珊抱怨說，瑞克從未舉起一根小指頭，為她做過一件事。她不斷角力，要他替孩子洗澡或是遞塊尿布給她，而瑞克老是抱怨以對，就連極小的要求也不願意做。我跟羅珊長談後，她提到瑞克買過兩件游泳衣給她，當作母親節的禮物。後來她又說，他曾主動表示願意讓她在週末到旅館休息補覺，由他來帶孩子。當羅珊開始抱怨瑞克在替她洗車時，沒有把車窗玻璃的灰塵擦乾淨，我就講她了。她對丈夫的禮物根本視而不見，因為它們不是她認為他該送她的東西。

事實上，瑞克是個大方的人，很想取悅妻子。他沒有按照羅珊的要求去做——換句話說，沒有按照她的控制作出反應——她就漠視他送的所有禮物，好像他從未做過一件體貼她的事。從他的觀點來看，他已經盡力讓她快樂；從她的角度來看，他沒有做過一件算數的事。這種情況實在糟糕！

羅珊把注意力放在感謝瑞克為她所做的一切，不再叫他做這、做那之後，她發現他變得更加慷慨，願意在更多的事情上幫助她。只要瑞克知道妻子感激他，他就會高興地照顧孩子、寵愛妻子。

若想更加了解你拒絕丈夫的禮物時，他會有什麼感覺，可以想像你在為好友準備禮物。你確信對方會喜歡這個禮物，你熱情地包上包裝紙，把它交到朋友手上。但朋友並未快樂地露出笑容，向你道謝，反而翻了個白眼。你問她有什麼不對，她說她要的不是這種禮物，你應該給她買別的。你當然感到她拒絕了你。下次你要買東西給她時，必會再三考慮，或許你再也不會買任何東西送她。這種事情可能嚴重傷害你們的友誼。

你若發現自己也在用類似的作法回絕丈夫——他送你禮物，或是改變家中的陳設，好給你一個驚喜時，你只是不斷抱怨——不要太過責怪自己。從現在起，你可以開始接受丈夫的禮物，修補過往造成的傷害。即使經過多年的挫折，大多數的丈夫還是會送妻子小禮物。一般而言，這是丈夫本性的一部分——只要婚姻存在，取悅妻子的動力與決心就不會完全消失。一旦他發現可以取悅你的機會（而不致讓他被你控制），他就會把握住。

仔細想想丈夫最近為你做過哪些事。把這些讓你感激的事一條條寫下來，好讓自己改變看法。樂觀的人看到半杯水時，會注意到杯子裡還有半杯水，而不是注意到另外一半是空的。同樣地，你也可以選擇去關注丈夫給你的東西，而不是注意他的缺點。不要把他的付出視為理所當然——每件禮物都是一個珍貴的機會，讓你學會接受的藝術。

我要來與我談話的女性寫下丈夫最近送的禮物，以便改變她們的看法時，有些妻子堅持說，她們的丈夫已經很久沒有為她做過任何事了。經過長久的思索，她們通常會承認，他有時還是會煮一頓晚餐、會把草地修剪得很整齊，或是在牛奶喝完時出去買一瓶。思考感激丈夫的理由時，許多女性特別容易忽略丈夫辛苦養家的貢獻——無論他是唯一的收入來源，或是雙薪家庭的一份薪水。你讓這個家繼續運作或是也在工作賺錢，並不表示你就可以輕忽丈夫也在盡本份的事實。

打開禮物的盒子

人生的至樂在於我們相信有人愛著自己。

——雨果（Victor Hugo）

丈夫送你一樣東西，你卻真的不喜歡時，如何才能體貼地接受？既然他是一生的伴侶，你就必須告訴他真相，對不對？他會從你的反應裡體會到你真正的感受，對不對？

一切由你決定。接受禮物包含了兩個部分：一個是接受愛與周到的表達，另一個是同時接受對方對禮物的選擇。禮物的確只是感情的象徵，但是這兩個部分緊密相關，很難接受一個而拒絕另一個。

一位女士給我看她手上的戒指時，我明白了物質背後的象徵意義。在她的右手上，她戴了兩只昂貴的寶石戒指，左手僅僅戴著一只普通的金指環。她向我解釋，儘管他們現在負擔得起更好的戒指，這個平價的指環對她仍然最有意義，因為它象徵著心愛的丈夫多年前娶她為妻的心意。

對這位女士來說，這個東西代表丈夫的愛，它的可貴來自所象徵的感情，而不是

價格或形貌。在你看到一個禮物，感覺它不合乎你對美或品味的標準時，一定要仔細考慮是否要加以拒絕。事實上，你所回絕的東西遠超出禮物本身。

我並不是說，你不應該把丈夫送的不合身的浴袍拿回店裡，更換合適的尺碼；也不是說，你應該每天都戴著你討厭的那條絲巾，好讓丈夫感覺你喜歡它。我只是建議你在拒絕以前多作思考。他很了解你，所以你要給這份禮物一個機會。它當然不是你自己選的，但你若想自己挑選，可以隨時上街採購。

對於我們不會買給自己的東西，我們接到這種禮物時，第一個反應往往是拒絕和批評（也可能暗自不滿），抱怨丈夫不了解自己。可琳對雷說，她很感謝他送她這個可愛的皮包作為耶誕禮物，但是這個包包裝不了她的東西。可琳立刻拿回去退掉，換了一個更實用的皮包。她對我說，這個實用的皮包從來不曾得到他人的稱讚，後來她才明白，丈夫送的時髦皮包能讓她看來更加美麗。最後可琳告訴丈夫，她很後悔把那個好看的皮包退回去，她很欣賞他的品味。這個行為使他以後還是願意試著買東西給她，而不擔心遭到她的拒絕——這是促進親密的一大助力。

羅蘋的丈夫保羅送她一只戒指作為結婚紀念禮物時，她的反應讓他傷心。他送的戒指樣式錯了，原本應該按照她喜歡的樣子做的，他卻挑到另一個她不喜歡的樣式。她當時就告訴他戒指的樣式不對；當然，他們的結婚週年紀念日並沒有保羅預期的浪漫。她完全錯過了這個機會，沒有接受他那份藏在禮物裡的愛。保羅並不感到自豪，而是覺得難堪與被拒絕，這種感覺將會破壞夫妻的親密。

體貼地接受也有愉快的一面，它能轉移你的注意力，使你不再關注日常生活令人不悅的種種事情，像是在地板上尋找丈夫穿過的襪子。注意他給你的禮物使你的心挪出空間來感謝他，心中不再為欠繳的帳單、破洞的內衣而煩惱，或是在他唱錯歌詞的時候忍不住要糾正他。最後，你將感受到一種新的快樂。

chapter

8

女性友誼

Foster Friendships with Women

當我發現自己逐漸枯萎，我就閉上眼睛，體認到朋友就是我的力量。

— 佚名

要得到親密的婚姻，你需要幾個朋友。她們必須非常了解你，而你也能信任她們、告訴她們任何祕密。要是沒有這些盟友，你可能會過度地倚賴丈夫，讓他覺得無法呼吸。

想一想你有多少親近的女性朋友。在你學習順服的過程中，你是否至少有兩、三個友人願意聽你說話、支持你？如果沒有，就得結交這樣的朋友。你可以試著在教會、家長會、義工團體或民間團體參與更多活動，結交新朋友。或許你願意加入某個團體，在其中發現某個成員與你有共同的興趣，因而建立友誼。

跟對你好的朋友建立友情可以幫助你順利度過學習順服的過程，讓你把注意力放在順服帶來的回報。

除了丈夫，你還需要向其他人學習接受的藝術。有時一個朋友的傾聽或同情的支持就是一個特別的禮物，你可能很難接受這種禮物。但是接受是友誼的重要元素，就像友誼是順服的重要元素。在順服的過程中，你希望從朋友那裡得到支持與鼓勵，因為你無法請求丈夫給你這些東西。以下是原因所在：

你會要求上司去注意過去幾個月來你每天都有來上班嗎？不會，因為這是大多數

工作的基本要求。同樣的道理，不要要求丈夫去注意你並沒有在控制他、批評他。記住：你原本就該給予他應有的尊嚴與敬重。

但是，你若和我一樣，就會希望丈夫稱讚你。我很想說：「我沒有要你把鞋子上的泥巴擦乾淨，難道你不喜歡我這樣嗎？」同樣地，你也不應為了這種努力而要求美名。別忘了：婚姻中的親密與喜悅才是你真正想要的回報。

盟友乃是關鍵

朋友就是了解你之後仍然愛你如初的人。

——赫伯德（Elbert Hubbard）

每當我們經歷生活中的變化，我們就需要支持，因此，我鼓勵你把自己的順服過程告訴其他女性，與她們建立滋養心靈的感情。首先，你希望得到她們的鼓勵。其次，有人支持、分享你追求快樂婚姻的目標會讓你保持奮發昂揚的態度。第三，她們能滿足你的某些需要，這些需要是丈夫無法滿足的。

女性朋友會不厭不倦地跟你談話，分享她們的丈夫與婚姻的狀況，這是你的丈夫無法做到的。你還會發現，一般來說女性更願意沉浸在感受裡，並能用與丈夫不同的方式來體會你的處境。你的丈夫也會支持你，但不是在每一種處境都能永無止境地提供支持。因此，你需要有人能傾聽你的話語、同情你的處境。她們不會立刻受到這些話的影響，也不在意以不同的角度討論問題。這並不表示你可以一直對丈夫進行疲勞轟炸，但是我認為你可以釋放出緊張的情緒——只要你最後提醒自己，你嫁的男人是自己所尊重的。你要選擇一個朋友來討論事情，她必須能溫和地幫助你，讓你持守這項準則。

同時，你需要女性朋友來支撐自己的情緒，因為沒有一個人——包括你丈夫在內——能夠滿足你所有人際互動的需要。要是沒有幾位好友時相往還，你會非常需要丈夫。他會覺得喘不過氣，想要避開你，又因為無法滿足你的期待而對自己感到失望。

為了說明這種處境，想像一下你處在以下的情況：

♡ 你不久前流產，心情十分低落。你希望丈夫安慰你，但他也好不到哪兒去。他有強烈的挫折感，對你容易發火，特別是因為他有無力感，覺得自己無法解決問題，讓你快樂。

♡ 丈夫因為加班又回來晚了，你非常生氣。你想告訴他，你已經受夠了。你需要用新的角度來看待這件事，而這是他無法給你的。

♡你又在生母親的氣了，你需要跟別人談談這件事。丈夫說，你應該告訴媽媽她的哪些作為讓你生氣。這或許是個很好的建議，但你還是氣憤填膺。你想多談談這件事，但是他並不想。

除了丈夫，也許你還需要找三個朋友來討論你的母親，好讓情緒得到紓解。女性經常展開這種談話，但是男性很少能取代擅於傾聽的三位好友。如果你只跟他傾訴你的悲傷或憤怒，這表示你對他的要求是很高的。

如何知道你的要求超出了丈夫的能力，使他無法安慰你或是不願意再談下去？到時候你就會知道，因為在你提起這個話題時，會感到挫折。他會突然開始埋頭看報紙、試著改變話題或是開始修理東西。更糟的是，他或許會要你克服這種想法，或者說這種事沒什麼大不了的。你想對著他尖叫、要他聽你說話，但是尖叫不能帶來親密與支持。我試過了，這個辦法向來不管用。

其他女性的經驗和你一樣，也對丈夫感到挫折與不解。她們可以提供有道理的說法，來詮釋你的經驗。男性有時的確讓人不明白他們的心理，他們的需要與價值觀常常與我們不同，有時令人難以了解。單是曉得別人也有同樣的感受，就是一種神奇的安慰。

跟其他的妻子談話還有一個益處，就是跟一群女性在一起，讓你覺得自己更像個女人。我母親年幼時住在長島，家裡是大家庭，有祖父母、姑姑阿姨、叔叔伯伯與堂兄弟姊妹。我時常聽她說起，她多麼喜歡跟家中的婦女聚在廚房裡談天說地。打通電話給女性朋友或親戚也能讓你感受到同樣的女性氣氛。

回想一下，在嬰兒滿月與婚禮後的女性聚會中，你感到多麼開心。你之所以如此愉快，乃是因為感覺到自己是個女人，因為你能與別的女性分享女性獨特的觀點與經驗：你發揚了自己的女性精神。

與丈夫保持親密的一個重要元素是：記住你是女性，身為女性的意義何在。在職場上，你無法得到這種提醒，因此你要在女性朋友的身上找尋這種智慧。

chapter

9

拒絕誘餌

Resist Biting the Bait

我很會辯論，問問我剩下的朋友就知道，我能在任何話題上辯贏別人。人們知道這一點，因此在派對中對我敬而遠之。為了表示他們極深的敬重，他們往往根本不邀請我參加。

— 巴利（ Dave Barry）

對於順服在婚姻裡帶來的改變，丈夫一開始可能覺得焦躁不安，試著誘使你回到舊有的生活方式。

你要盡最大的力量，忍著不要幫他出主意，即使他提出要求也一樣。他可能會抱怨一陣子，但是終會想出辦法。要是丈夫問你他該怎麼辦，你不要提出答案，而要鼓勵他去做他認爲該做的就好。每一次成功地拒絕誘餌，你都應恭喜自己又往前跨了一步。

妻子的順服會干擾丈夫的生活程序，就像它也會干擾你的生活程序一樣。無論他是否察覺，都會抗拒這種改變。

例如，開車時他若習慣讓你告訴他該在哪裡轉彎，而你又決定不再給他指令，他還是會問你該從哪個出口下高速公路；要是多年來都是你告訴他該打哪條領帶，有一天你卻不再提示他，他會不曉得該選哪一條。他會無意識地極盡一切努力，想辦法恢復原來的作法，而他的主要武器就是一個「特大的誘餌」。

「特大的誘餌」就是讓你想回到原來的對話與爭論的各種手法。它是一個問題，以得到某種特定的答覆；它是在敲你的心門，期待你會有所反應。

比如說，現在是他在管帳單。他可能會突然大發脾氣，對你宣布：「我不曉得我們怎麼付得出這個月的貸款。」

不要誤解這個訊息：他的宣告是一種邀請，要你跳進來做以前的事。他是在要求你參與、要你重新接手，因為他碰到了問題，而他不習慣解決問題，因為過去都是你在做。

你想說：「讓我看看金額多少。」、「我們還缺多少錢？」或是「從存款裡提點錢出來就行了。」如果你提出前述任何一種答案，就等於在說：「我不是真的要撒手不管。算了，還是我來管好了。這樣我就不必窮緊張，你也不必惴惴不安。」

你應該說：「我很高興你在替我們處理這件事。」你要提醒他，他現在把情況掌控得很好，你對他的付出深表感激。讓他作決定，過後也不要為了他「作錯」決定而懲罰他。不要過度擔憂，讓他重新建立擁有權力與男子氣概的感覺——只有在你能抗拒誘惑、避免重新接管的情況下，這一切才能成就。

給祝福，別給意見

我們的快樂或悲傷大都取決於自己的個性，而不是所處的環境。無論身處何方，我們心中永遠帶著這些快樂或憂傷的種子。

——華盛頓女士（Martha Washington）

丈夫或許會問你他是否該回學校去唸書、是否該參加激流泛舟，或是該怎麼處理工作上的某個問題。在這些情況裡，他必須作出他認為最明智的決定，即使你擔心在學期中看不到他的人、擔心他不太會游泳、擔心他會因此被炒魷魚，也不該插手。

我們都喜歡別人徵詢我們的意見，但此時你必須抗拒出主意的慾望，以下是兩個理由：

1. 丈夫已經曉得該怎麼做：一旦告訴他你認為該怎麼做，就有可能與他的想法發生衝突。他雖想知道你的看法，但他更希望你能祝福他的主張。要是你們的看法相左，就會產生憎惡與罪惡感等情緒。

他若問你該選擇哪一份工作，他真正要問的是：「你認為我會作出正確的選擇嗎？」要是他問你對他想買的股票有何看法，其實他不是在問他能不能作出明智的決定，而是在問你是否信任他去作這個決定。當他問你：「你覺得如何？」聽起來好像是在徵求你的意見，但是他真正要問的是：「你覺得我是否有能力處理這件事？」

2.只要你為他的決定擔心，他就知道自己不必為後果負責：當你放下對他的憂慮（或至少表現得如此），他就得把這些憂慮擔起來。一旦你停止控制他，他就會覺得他該對自己的生命負責。你可以把精力留給自己，不再為了他的責任終日憂慮，終至筋疲力竭。

你可以藉著這句話：「都由你決定」來避開誘餌。同時，要信任丈夫，相信他有能力作出正確的決定。

小餌也有誘惑力

> 精心設計的謙恭有禮是最厲害的防衛手法。
>
> ——路卡斯（E. V. Lucas）

不是每一種誘餌都是特大號的。有些誘餌很小，但是一樣有很強的誘惑力。丈夫也許會問你某個人的電話，你不知道他問的是幾號。這時你要抗拒誘惑，不要替他查電話簿。你也要忍住誘惑，不要告訴他有電話簿這個東西。你只要說：「我不曉得。」在他丟出以下這種誘餌時，你可以這麼講，或是更有技巧地回答：「好問題！」

「車子的行車執照什麼時候到期？」

「我該用哪個鍋子煎東西？」

「我該點哪一樣菜？」

「美奶滋在哪裡？」

「我該把車停在哪裡？」

「我該給多少小費？」

當你不作答覆，就會有一種失去掌控力的感覺，隱藏在控制背後的恐懼感會重新抬頭。你會擔憂小費給得不夠，或是不沾鍋會被刮壞，或是丈夫吃了煎蛋與培根後膽固醇會太高。

告訴丈夫，無論他怎麼想你都會贊同。這種態度能抵抗誘餌，並且提醒他，你沒有興趣回到舊有的作法。你同時在迫使他面對新的挑戰——無論是注意行車執照的過期時間，或是透過犯錯來學習怎麼使用平底鍋。他能處理好的。

不把誘餌吞下去會讓你覺得脆弱，因為你會突然發現，自己對過去一手控制的事情再也沒有控制力。但是信任他的判斷力將會帶來回報：他會更有自信與男子氣概、更加覺得自己很能幹，你也會變得輕鬆，兩者都能增進夫妻的親密。

沉默的誘餌

憤怒的最佳解藥就是緩一緩。

——桑尼加（Seneca）

丈夫也許不發一語，卻很希望你重新接管。他可能把帳單堆在盒子裡，連看也不打開來看，也可能對銀行人員在電話答錄機的留言聽而不聞；他也許會辭職在家，不去找新工作；他也許會讓孩子一直哭著而不去抱。你可以跳起來，暫時解決眼前的問題。但是只要你一做了，他就不必再為銀行人員、工作或孩子擔心，因為感謝老天，你並不真的期待他處理這些事。現在你又回到原點——一手包下所有的事。

在沉默的誘餌面前，就連提到該做的事都是中計。你不需要作出任何宣告，也不需要與丈夫討論，你要抗拒他的沉默誘餌。事實上，這種談話將會帶來反效果，並會讓他感到受辱，因為你等於在譴責他放下誘餌，讓他知道你看穿了他的用心。相反地，你只要仁慈而緘默地面對這個誘餌。你應向自己保證，他會把事情處理好，你不必多作擔心。這是他學習過程的一部分。你越早放手，他就越早接手掌理。

何時提出意見

只有在一種情況下，你不應要求丈夫作決定：就是他要你按你的意思作選擇時。例如你何時想上館子、你喜歡什麼顏色的汽車、你想住在哪一戶公寓裡。在這種時刻，你只要直截了當地說出自己喜歡的東西就好。要是他問你，他該買哪一款電腦、孩子該穿什麼衣服或是該不該調整貸款時，你要說：「都由你決定。」

要是丈夫要你肯定他的決定，不要把這種期待與誘餌混為一談。你要向他保證，你相信他的選擇是正確的。例如，他若問你：「你覺得我把樹籬修剪得怎麼樣？」或是「你覺得我給車子打蠟打得怎麼樣？」你永遠要給他肯定的回答。你可以說：「樹籬看起來整齊多了。」或是「車子看起來亮多了。」這時他不是在徵求你的忠告，而是要求你的肯定，所以你要肯定他。每個人都需要這種肯定。

座右銘：不要插手！

當你回顧一生，你會發現，你眞正活過的時刻就是秉持愛心做事的時候。

——杜蒙德（Henry Drummond）

丈夫一次次地要你給他意見時，你會發現自己變得氣急敗壞。前八次你可能會抗拒誘餌，等到他第九次提出同樣的問題時，你就會豎白旗。還好你不必事事做得完美，就像你在練習順服的其他原則時一樣，你也可以犯錯。丈夫很快就能學會不來問你，自己想辦法解決問題。你要不斷練習，培養「順服的肌肉」，這樣你就不會插手。由於你已察覺誘餌，知道他在邀你插手，你就有能力抗拒它，避免回到老路上，再去控制一切。發現誘餌時，你可能很不高興，心想：「只要他不再對我下餌，我就不再控制他。」

我得告訴你一個壞消息：事情並不總是按照你的想法進行的，你必須先改變自己的習慣才行。不過還有一個好消息：只要你對丈夫的誘餌沒有反應，他就會棄而不用。要是他發現誘餌不能給自己帶來任何好處，他就不會再浪費自己的時間對你下餌。他會像你所期待的那樣，自己去思考問題，主動處理事情。

chapter

10

抛開負面期望

Avoid Setting Up a Negative Expectation

勿因人們言行不當，就以不好的態度對待他們，
反而要幫助他們成為自己能力所及的最好模樣。

— 歌德（Goethe）

開口對丈夫說話前要小心你的言語，不要對他抱著負面的期望。記住：你看待他的態度會影響他對自己的看法。你若把他看成守時、整齊、成功、有耐心的人，他就會奮發向上，達成你的期望。

你表現得越有信心，事情就會進行得越順利。你的態度顯示你把注意力放在哪些地方，所以，當丈夫的作爲讓你緊張時，切記要表現出放心的樣子，如同你深信結果將會皆大歡喜。

為了不斷地控制丈夫，我經常事先為他設定負面的期望。我細膩而清楚地讓他知道，我預計他會把事情弄糟、預計他會讓我失望。我把這種態度稱為「由配偶來實現的預言」。可以想見，事情果然像我預想的那般。更糟的是，我的行為十分常見，許多妻子都正在跟我做一樣的事情。

有趣的是，男性對自己的看法深受妻子的影響。要是妻子告訴丈夫說，他總是遲到、他對理財不行或是不會穿衣服，他多少會相信太太。他會覺得，既然她是全世界最了解自己的人，或許她是對的。

我的朋友納森告訴過我一段經驗。他在使用攪拌器時，妻子突然想到幾年前發生的意外事件，便轉身對朋友說：「小心！他用攪拌器時總是把木勺弄斷。」納森果

然犯了這個錯誤。他甚至有一種感覺，覺得是妻子要他這麼做的。她當然沒有這個意思，但是納森覺得這個錯誤已經注定要發生了。

你若對丈夫說他不擅處理金錢的事、不會照顧小孩或是無法轉換生涯跑道，你就是在增強他對自己的負面看法。

我之所以批評與糾正約翰，是因為我用害怕他會變成的樣子來看待他。直到我停止發出這種恐懼的聲音，看法才出現明顯的轉變。他也變得比較堅強、有自信、有成就。這是因為我拋開了負面的觀點？還是因為他在妻子這面鏡子裡看到了更清楚的自己？我永遠不知道答案，但是我知道這種改變對我們兩個來說都非常真實。

妻子的暗示

> 你若一直說事情會搞砸，就很有機會成爲預言家。
>
> ——以撒辛格（Issac Bashevis Singer）

以下是一些我們常說的帶有負面期望的話：

「你不覺得開車應該慢一點嗎？」（預期：你會把車子撞爛。）

「盤子放進洗碗機前要先沖乾淨。」（預期：你做不好的。）
「你為什麼不一開始就打電話叫水電工來修？」（預期：你自己修不好。）
「要我是你，我一分鐘也受不了你那種老闆。」（預期：你無法站出來爲自己講話。）

丈夫聽到的是：「我不指望你會表現得很好。」在這些話語裡有一項強烈的暗示：我們預期丈夫會一敗塗地，而他能做的就是證明我們是對的。廣告商非常了解暗示的力量，每一天他們都在利用暗示來賺錢，例如這句廣告詞：「要不要來一罐冰冰涼涼的可口可樂？」如果你是一塊丈夫每天上班都要經過的看板，你會寫著「你又忘了到郵局辦事」還是「你像以前一樣可靠——謝謝你去郵局辦事」？

對丈夫表達負面的期望不僅有潛在的傷害性，還會浪費許多精力。你若誠實地反省自己的種種人際關係，就會發現從未因負面的評論得到任何東西。他可能再也不願花時間陪伴孩子、不再有病就去看醫生、胃口也不如以往。人們不會因為你指出他們的缺點而去改善自己。在最理想的情況下，他們會不甘願地試一試，但是在最壞的情況下，他們會叛逆起來，做出相反的行為。當你表現得像個負面的媽媽，他就會表現得像個反叛的青少年。

面對正面的鼓勵、信任與敬重時，大多數人都願意改變自己。

表現得有信心

信心富有傳染力；缺乏信心也一樣。

——歐布萊恩（Michael O'Brien）

「要是我沒辦法相信他會改進怎麼辦？」有些女性問我：「要是我真的害怕他會弄砸了該怎麼辦？」

當我們處於婚姻孤寂的中心時，未來看起來一片荒涼，你對未來一點也不樂觀。但是你必須表現出信心滿滿的樣子，彷彿婚姻真的會有很大的改善。成功順服的一大關鍵就是：你要假裝自己有信心——如同那句古老的諺語所說的：「假裝可以，直到真的成功。」

有時你會覺得自己像個演員，看起來好像很冷靜，能夠為他的平凡表現而感謝他，實際上怕得要命。但是我向你保證，沒有一種演出比順服的努力更值得贏得奧斯卡金像獎提名。

你越表現出敬重、信任與欣賞他的態度，就會越相信他值得你這麼待他，你也就越不會因為憂慮而插手管理他的生活。當丈夫有信心，你會激發他最傑出的努力、喚醒他的溫柔；你會記起自己當年為何願意嫁給這個男人，而他也會用嶄新的心情來取悅你。

表現得有信心與表達負面的期望是一體兩面。當他發現你信任他、相信他在工作上會成功、能夠餵孩子吃有營養的食物、作出明智的投資，他就不願讓你失望。表現得有信心意味著：在某個不順利的日子裡，你會想到也許該找律師談離婚，但是你不會停留在這個念頭上。你若有信心，相信自己可以擁有一份快樂滿足的婚姻，心思就不會一直被離婚占據。

抱持希望

你要相信機會永遠可能會降臨。無論環境看起來如何黑暗，或是眞的如此，你都要將眼光放遠，看到種種可能性——永遠不要放棄希望，因爲機會永遠都在。

——培爾牧師（Norman Vincent Peale）

表現得體貼與有信心並不表示你在說謊，或是背叛了自己。它表示在問題裡尋找光明面，即使情況看來無比黑暗也一樣。

有一次約翰準備在求職面談中作簡短地演說。他知道自己的條件很弱，但是他的熱情很強。儘管他有許多時間作準備，但還是到了面試的幾小時前才開始寫演講稿。我答應看他練習，當我見到平日口齒清晰的丈夫開始結巴、講話顛三倒四時，心中害怕極了。他要我給他意見，我假裝很有信心，相信他會有傑出的表現。我說：「約翰，這種事你以前做過許多次了，你當然會表現得很棒。」我沒有說：「天啊！這種表現真是糟的可以。」或是「我看得出來，你真的花了很多功夫作準備。」

他一出門去面談，我就打電話給朋友，告訴她我很擔心丈夫會弄砸了。結果是：我的信心是正確的，而我的恐懼錯了。他滿面笑容地回來：他講得很好，得到了想要的職位。

你不一定要感受到這份信心才能表現出來，但是你必須培養它。在電影〈安娜與國王〉裡，擔任英語教師的安娜一想到要去新的國家面對新的學生就很緊張。在她害怕的時候，她就吹口哨，用快樂的曲調來激勵自己。這首歌的歌詞大意是，她不僅唬過了身邊的人，讓他們相信她充滿自信，還騙過了自己，使自己真的感受到有信心的感覺。

安娜決定不向恐懼低頭。她沒有留在讓她覺得安全的祖國，而是乘船前往暹羅。抵達當地後，她沒有躲在床後面，而是勇敢地站出來教導國王的子女。她表現得自信滿滿，讓人覺得她不僅能夠生存下來，而且能享受這些經驗——而她真的做到了。

你也一樣。你也能作出決定，要讓另一樣東西——一份親密的婚姻——超越恐懼。你將不再害怕他會使你蒙羞或是讓你失望。

瑞德蒙（Ambrose Redmoon）寫道：「勇敢的人不是因為不會感到恐懼，而是他決定讓其他更重要的東西凌駕恐懼。」當你願意順服、願意尋求親密的感情，你就該表現得有信心，不要向恐懼低頭。

chapter

11

放棄讀心術

Stop Reading His Mind

高明的作法是開口發問，

而不是替對方提出答案。

— 瑟伯（James Thurber）

不要揣測丈夫的想法，讓他有表達自己想法的空間。記住：你不能準確地讀出他的心思，在他講出想法前，不要遽下結論。

如果你仍然覺得可以預測丈夫的言語與行爲，就要把這些言語與行爲寫下來，和他後來的眞實反應作比較。例如，你想去看電影，你可以先寫下他會有什麼反應，再告訴丈夫你的想法，然後把他眞正的反應與你的預測作個比較。

有一天我的朋友泰瑞莎說，她知道丈夫生她的氣，因為她走進房間時，他就發脾氣了。

「他有沒有說為什麼生你的氣？」我問。

「他不用說。」她告訴我：「我知道這是因為他覺得我花太多錢在作心理治療了。」

「你怎麼知道？」我問。

「我就是知道他在想什麼。」她說。

我也跟泰瑞莎一樣，覺得自己能讀出丈夫的想法。我經常依據丈夫的咕噥、用力關門、缺乏興趣或其他非語言的訊息作推論，認定我「知道」丈夫在想什麼。約翰瞪著我不發一語時，我就假設他因為我說了什麼或做了什麼而生氣。

當他好幾個禮拜都沒有把燒壞的電燈泡換掉，我就假設他是個不替人著想的人；他觀賞我不喜歡的電視節目，我就假設他沒有品味；我甚至認為他之所以做了（或是不做）某些事情，都是為了激怒我。

但是當我順服以後，我明白許多的假設與詮釋其實都是出於內心的恐懼。我害怕自己沒有達成約翰的期望或是沒有完成我的職責，所以他用一種非語言的方式來「報復」我。

我的讀心術並不如自己想像的那樣精準。當我仔細傾聽丈夫的言語，不再假設我了解他有什麼感覺後，我覺得既愉快又驚訝。

有一次我在看雜誌，約翰突然把報紙一扔，看起來好像在生氣。我有些驚訝，便用有點不悅的口氣問他到底是怎麼了。就在這時，他捏起一隻剛才被他用報紙打死的蒼蠅。

不要多心

每個人心中都藏著什麼是「對」的信念。在我們夢想的烏托邦裡，人們終會發現他們的錯誤，同意我們的看法。

——早川（S. I. Hayakawa）

我決定不再把那張模稜兩可的面孔詮釋成想要開戰，而是決心靜待其變，等他直接告訴我是怎麼回事。丈夫若情緒不佳，他直接會告訴我原因何在。只有年幼的孩子才需要別人從他的表情來幫助他，讓他了解自己在生氣、感到挫折、飢餓，還是覺得疲倦。要是約翰想跟我談某一件事，他會直接告訴我。要不然我就相信他能自行解決一切問題，我只要開心地跟著走就行了。這種態度使我們的關係大為改善。

當我不再自行下結論後才發現，原本以為他在發我的脾氣，結果他是在生我小姑的氣；他一直沒有換燈泡是因為他對事情的優先順序與我不同；而那些沒意思的電視節目不僅我丈夫喜歡，我認識與敬重的許多男士也很愛看。他們覺得這些節目很有娛樂性。

別當代言人

就像在其他的順服原則上一樣，我在放棄讀心術這方面做得也很差勁。我只是換個方式繼續這種作法。我有為別人「詮釋」丈夫想法的習慣，要是他說了什麼，我就插嘴，告訴對方他要講的是什麼。我真的以為我是在幫忙，但是事實上我是在干擾他，在他尚未完整陳述之前插手干預。我們去看婚姻諮商員時，我甚至試著告訴治療師說，他講的話是什麼意思。顯然我並不建議你這麼做。現在我不必再把嘴巴封住——如果有必要，我還要用雙倍黏性的強力膠帶貼住我的嘴。

我還有一個「本事」，就是在他講述看法的時候，看穿他的心思。例如丈夫說他喜歡他的新工作，我卻不相信他的說法。我注意到每天晚上回家時，他看起來都很疲倦。我擅自下了結論，認為他沒有說真話。過了一會兒，我告訴約翰，有個朋友問起他是否喜歡這份新的差事，而我答道：「約翰說他喜歡。」我等於在說：「我懷疑他，也不尊重他。不要相信他說的任何話。」我怎麼會給人這種印象呢？這種講法不但很不可愛、帶有侮辱的味道，而且會傷害彼此的親密感。

現在我盡力相信約翰的言語，即使他說的話不太有說服力也一樣。我有時會「假裝可以，直到真的做到」，他也一樣。我當然不想逼他。結果約翰並不太喜歡那份工作，不久就離職了，但我仍敬重他試圖保持積極態度的努力，每天都打起精神去上班。我自認能看穿他過得不好，說出來後只會顯得不支持他，讓他更難在困難時期撐過去。

除非丈夫主動對你談起某些事的看法，否則不要假設你了解他。即使你有未卜先知的能力，看穿丈夫的心思對你們的感情仍沒有好處，因為沒有人喜歡被別人識破自己的想法。丈夫發脾氣不一定是生你的氣。我們以為自己了解對方的感情與思想，然而事實並非如此。自以為了解只會浪費精力，我們應該儘可把這些精力用來增進自己的幸福。

讓他靜一下

> 恐懼是一個小小的暗房，沖出許多負面的情緒。
>
> ——普里察（Michael Pritchard）

當你覺得需要肯定，你要去找女性朋友聊天，讓她們提醒你丈夫曾經在哪些地方表現得體貼入微。拿出結婚照片，想想你那天感覺多麼幸福。把他為你做過、使你感激的事情列出來，但是在他跟你疏遠的時候，不要要求他表現得多麼喜歡你。相反地，你要隨他去。

我建議你盡一切努力，避免捲入讓他心情惡劣的事情裡。你可以出去一下、拜訪朋友或是在家看電視或看書。把注意力從他身上移開，放在照顧自己上面。他的情緒會過去。有建設性的作法是，等待雨過天青，不要要求他跟你討論此事，因為你既不是他的媽媽，也不是他的心理醫生。

他若主動談起心裡的煩惱，這時你就可以仔細地傾聽他的話，表達你的信任與尊重。你不需要避而不談，只要不是由你起頭就行。

記住：讓他去解決自己的問題，在他情緒惡劣的時候，不要因為你需要他的溫柔相待就把自己捲進去，這樣對你們有害無益。

享受當下

不要沉醉過往，不要夢想未來，集中心志，關注眼前的一刻。

——佛陀

我發現許多女性以「了解」丈夫而自豪。她們認為自己可以知道丈夫在某種情況下會有什麼反應。她們的想法如下：

「在我還沒有跟他討論之前，我已經知道他會說什麼。」

「如果跟他談了，我會不喜歡他的看法。」

「我對他感到失望、憤怒，因為即使我沒有跟他談，他還是不會講出正確的看法。」

另一方面來看，也許你不在乎丈夫會講出預期的答案，但是你覺得厭倦極了，因為你永遠曉得他要說什麼，因此根本不需要問他的意見。這種情況如下：

「在我和他討論之前，我永遠知道他要說什麼。」

「這種『永遠不變』的事情讓人厭倦。我希望丈夫能偶爾提出不一樣的看法。」

「我對丈夫感到厭煩，因為即使我跟他討論，他還是會說出同樣的看法。」

在以上兩個例子裡，丈夫還沒有跟你談話你就已經在生丈夫的氣了。預期丈夫會有什麼反應與看穿他的心思是一樣的。就像你無法知道他在想什麼一樣，你們兩人都無法預知他會怎麼做。

在你想著他可能會怎麼說、怎麼做的時候，你就一秒、一秒地失去了與他在當下互動、在當下深刻契合的機會。結果許多個一秒變成許多分鐘，又變成許多小時與許多天。有些女性把漫長的婚姻花在預期上，而不是用來結合。她們從來沒有機會與伴侶建立親密的感情。有一條金科玉律是：不要沉溺在以「如果」起頭的念頭裡，因為它們與當下無關。你無法在有所預期的同時，又與對方親密相處。

潔西卡得到一筆很大的紅利，她認為丈夫一定會拿這筆錢來投資股票，而不是用在她渴望已久的旅行上。我提醒潔西卡，她還不曉得他會怎麼做，只要享受當下的可能性就好，她隨時可以告訴他她要的是什麼。

一開始她抗拒這種作法。但是她承認，自己在抱怨他會怎麼做的同時，實在也感受不到任何快樂。後來她把心思放在她能為全家賺到額外的錢而覺得自豪——儘管她不知道這筆錢會怎麼用。潔西卡承認，慶祝與享受給家人意外禮物的滿足感擊敗了她的負面想法，讓她不再一直掛念丈夫可能做出她不喜歡的決定。事實上，預期的失望所帶來的痛苦並不亞於真正的失望。

預期的失望與設定負面期望密切相關。你若依據他在你順服前的反應預期他會表現出敵意或小氣的態度，就是對他設定負面的期望。為了培養親密感情，你要傾聽他的話語，而不是為了你所揣想的反應而準備跟他大辯一場。你要把心力放在真正的傾聽與了解上，去體會他的話，而不是對他的語調與表達方式作出自己的詮釋。

只有在把他的話聽進去以後，你才能說自己了解他的想法。

chapter

12

不要插手

Don't Crowd the Setter

最能幫助一個人的方法就是賦予重任，

讓他知道你信任他。

— 華盛頓（Booker T. Washington）

你要給丈夫足夠的空間。他若應該要處理某一件事，就讓他處理。即使你覺得他會出錯或無法完成，也不要插手干預。

記住，丈夫能克服一切挑戰，學到他必須學會的功課。把占據他的空間、阻礙他的能力，以及壓制他的男子氣概的一切東西全部移開。

我喜歡打排球。打球的時候，我喜歡當做球的人——接到別人傳過來的球，然後把球托向空中，讓殺球的人把球壓向對方。按照一般的規則，除非做球的人向隊友求助，不然他總是第二個拿到球的人。這項規則使球員不致相撞或是讓球意外落地。

沒有經驗的球員有時會擔心做球的人不能及時趕過來接球。他們會試著「幫忙」，站到球的下方，準備在來不及時出手做球。我很討厭這種情況，因為當我要做球時，如果有人擋在我前面，有時我甚至會因為沒法繞過對方而掉球。這時，沒有經驗的球員往往會轉過身來說：「你為什麼不叫隊友幫你？我本來可以接到的。」

可不是嗎？

如果這傢伙不要擋路，我會給他做個好球，給他殺球的滿足感。但是他忙著擋住做球員——擔心我會出差錯，結果在我被他擋住以後，又怪我沒有做好。

我有沒有告訴你，我真的很討厭這種事？

不要擔憂

一個人伸出食指，指責他人時，他應該記住，其他四個指頭正指著自己。

——尼澤（Louis Nizer）

打排球與對丈夫順服有什麼關係？就像擋路的人擔憂做球員可能出錯，你也擔心丈夫可能把事情弄砸了，因而插手干預。要是你在他身邊走來走去，隨時準備伸出援手，你其實只是讓他更難做事。你等於是在拖累球隊，為了自己的問題而責怪無辜的隊友。

擋住做球員只是控制的另一種表現。當你要丈夫守時、建議他打電話叫水電工，或是提醒他在過期前付清某一張帳單，你就是在擋他的路。

我對擋路的隊友沒有好感。同樣地，當你侵入一個男人的空間時，也不要期望他會和你建立親密感情。

他不需要後援

寧可屋外有一百個敵人，也不要家裡有一個敵人。

——阿拉伯諺語

即使你沒有對丈夫說什麼，你還是可能藉著關注他的行動來阻擋他。檢查一堆堆的帳單，看他付了沒有——即使他不在家時也一樣——就是一種阻礙做球員的表現。仔細傾聽他與客戶的通話內容、在他開車時提高警覺、隨時等他問你何時該轉彎、責怪他該對別人怎麼講話，這些都是阻擋做球員的表現。

你可能一句話都不說，就擋住丈夫的路，因為他能看出你的心意。他很熟悉你的表情與身體語言。當你的心力全放在他所做的事情上，他可以察覺出來。他可以感覺你就在他的頸子後面喘氣，感覺到你才從他的書桌前離開，翻閱他準備要處理的東西。所以，你必須把精力放在自己身上，好讓他得到空間，用他認為適當的方式來處理事情。他需要空間來成為一個獨立的人。對每一個人來說，這一點都是真的，男人尤其如此。

肯與凱莉說好了，每天早上由他送孩子上學。凱莉經常早早起床，穿戴整齊，

「以防萬一」。肯有時的確起晚了，或是在出門前抱怨他那天早上事情太多，無法送孩子上學。他會要求凱莉替他送小孩，於是她總是前來救援。有一天她突然想到，肯在減輕他自己的責任，因為他知道她一定會提供支援。因此她不再阻擋他，不再用她的作法壓擠他，只是等待著球自然地落下來。

凱莉終於決定早晨要睡晚一點，信任一切都會順利達成，以免「擋住了做球員」。令人驚奇的是，一旦肯發現他沒有後援，他就不再出狀況，每天都把孩子送到學校。

你要盡量避開丈夫的空間，提醒自己，你不必期待他會出錯。你要想：一切都在他的掌控之中。這個想法能幫助你抑制想插手控制的慾望。

你要給做球的人足夠的空間，讓他把球高高拋向空中，好讓殺球的人一舉得分。

我最愛的就是這一刻。

chapter

13

放棄平等的神話

Abandon the Myth of Equality

大自然是不公平的嗎？這樣還好一點，不平等是唯一可以忍受的事情。平等的單調只會把我們帶向倦怠無味。

— 皮卡比亞（Francis Picabia）

不要把傳統的性別角色一腳踢開，相反地，再試一下。它們也許含有某些有價值的東西，讓你想保持下去。它們能讓你覺得受到保護，覺得自己像個女人，因此與丈夫更加親密。

下班以後，你要練習「換頂帽子」。只要妻子回到家中就能順服，她可以既能成爲工作中的強勁力量，又能成爲婚姻裡的溫柔女子。

身為現代女性，我期待丈夫與我根據彼此的長處，平等分擔家務與各種事情。我相信這份感情是由兩個個體共同建立，我們不會畫地自限，固守過時的男女刻板印象。我假設我們會平均分擔家務，一起決定如何投資。在我經營一家大公司時，或許他會留在家裡帶小孩。每件事都會經過理性的協商，所以我們會共同找到最美好的生活。我們會成為真正的伴侶。

我們從未實現我的平等觀念。事實上，我們連平等的邊也沾不上。但我還是繼續想，只要再努力試一試，我們就可以做得到。性別不重要——我知道這是事實，因為我在成長過程中讀到的一切，從湯瑪斯（Marlo Thomas）的《自由作自己》（*Free to BeEYou and Me*），到傅瑞丹（Betty Friedan）的《女性迷思》（*The Feminine Mystique*），這些書裡都是這麼說的。我從未料到，我所相信的模式根本不可能實現。

當我發現我的長處比約翰實用時，問題就開始了。在付貸款和維修車子的時候，他那有趣善良的個性不太能發揮用處。我喜歡聽他彈吉他、對著我唱歌，但是這對每天必須把晚餐做好端上桌一點幫助也沒有。當他不想修理房子，他的知足常樂開始變得跟懶惰沒有兩樣。

我在約翰所做的每一件事情上尋找錯處，因為他沒有按照我這個女性認為有道理的方式進行。當他處理金錢方面的事情，我非常不悅，因為他沒有條理分明地事先作規劃。我要他在房子的每個小地方開始出問題之前，先把它修理好。約翰的作法當然與我不同，他的作法屬於男性的作法。他比較關心房子的安全與功能，而比較不注意美觀。帳單快要過期時，他完全沒想要趕快付清。許多次他試著用我的方法做事，結果當然不盡理想，因為這種作法違反他的本性。

我試著把約翰塑造成另一個我，但是他顯然永遠無法成為另一個成功的我。他並未用他的方法主動做事，而是努力粉飾太平。為了達成這個目的，他在家中保持低姿態，但我不斷抱怨，怪他沒有分擔他的那一半責任。

還有別的問題。每當我置身於壓力沉重的工作環境，長時間的忙碌工作令我心情低沉。約翰在家工作，我羨慕他的彈性工作時間。他可以睡個午覺，也可以在深夜工作。我的收入超過他以後，我逐漸感到憎惡，覺得維持生活水準的重擔全壓在我的肩膀上。我也不高興約翰對整潔的標準不像我的要求那樣高。

當我反省為何心情不佳時，我發現自己有一些深藏的期望。我並非期望約翰為婚姻帶來的東西，與我父親為他的婚姻帶來的東西完全相同。我要約翰在婚姻中帶來的東西，跟我所作的貢獻完全一樣——金錢、秩序井然的感覺、各種規劃、裝修房子等等——也就是一般女性認為重要的每一件事。

由於我們對每一件事都各有百分之五十的責任，而我又比較喜歡我的作法，於是我在一切事情上負擔起百分之九十九的職責，從維修住所到規劃假期，全都是我一手包辦。儘管我們會談論這些事，但一來一往之間，兩人的關係並不平等。約翰做了某一件事或是提出某個構想時，只要我發現這些作法或想法有問題，我的肢體語言、聲音和面部表情就會立刻表現出來。

在我的腦中，我安靜地休息著，相信我們的婚姻是平等的。事實上，是我在掌管一切。我向你保證，這種關係一點也不平等。

一條裙子，一條褲子

女性是組成一個國家的纖維。她們是生命的生產者，一個國家的優點呈現於它的女性。

——拳王阿里（Muhammad Ali）

我結婚時推行的分工方式之所以失敗，原因之一是我試著假裝性別差異並不存在。我的假裝並未讓它成為事實，也沒有讓我們得到快樂。

我們這些女性主義者一直在掙扎、一直不願意承認——甚至試著去否認——身為女人，我們仍然渴望被保護、被縱容、被寵愛、被崇拜、被追求以及被珍視。我們可以打碎看不見的障礙，把自己照顧好。但然後呢？說實話，我依舊渴望聽到某個人讚美我的頭髮，當一天的工作結束，我仍然渴望被人擁入懷中、渴望有人照顧我。

知道有一個男人在保護自己能使我們感到安心；接到他送的禮物讓我們覺得自己很特別；曉得這人對我有慾望使我們覺得自己有魅力、覺得自己是個性感的女人。就平等而言，當他取悅我們，贏得我們的賞識，他就感到自豪、覺得自己充滿力量，是個性感的男人。

這就是男人和女人的本性。天生的性別角色不會使我們變得更弱，也不減損我們的能力，更不會讓我們變得更加粗野殘暴或盛氣凌人。我們不需要男人為我們開門，但是當他這麼做的時候，我們喜歡自己身上散發出來的女性化的感覺。

約翰和我後來使用的分工方式，乃是建立在兩人不同的性別所帶來的優點上。例如，我覺得筋疲力竭，不高興自己得出去上班，擔任家裡主要的經濟來源，約翰對於獨力養家卻覺得既高興又自豪。我對選家具極為挑剔，約翰卻毫不在乎——只要我高興就好。我不再叫他去看一張沙發，對他說：「你喜歡嗎？」現在我承認沙發對我遠比對他來得重要，因此我會直接對他說：「我喜歡這張沙發。」處理金錢方面的事情讓我神經緊繃，約翰就比較輕鬆，能夠作出冷靜的決定。我可以負責社交活動，邀請親友來家中吃飯，約翰很喜歡這種活動，但他很少主動安排。我們接受了這個事實——我們的興趣不同、重視的事情也不一樣。

我驚奇地發現，在我們的婚姻裡，許多傳統的性別角色遠比「平均分擔」每一件事更為有效。不過，有些傳統角色並不適合我們。例如我不願放棄工作與收入，當個家庭主婦；我不喜歡打掃房子，所以我們僱了一個清潔工；約翰負責洗碗，還有在假期來臨前寄出賀卡。

你可以反駁說，我們這種分工是根據彼此的長處，而不是兩人的性別。就某些方

面來說，你是對的。但是了解兩性的獨特性情，而非假裝我們是一樣的人，的確對我有很大的幫助，使我找到適合彼此的分工方式。

陰陽相生

我們經常把「親近」與「相同」混爲一談，認爲親密感情就是兩個一樣的「我」融爲一體，形成共同的世界觀。

——勒娜（Harriet Lerner）

我為何能一面推動女性要順服丈夫的觀念，一方面仍然認定自己是女性主義者？我相信女性主義探討了我希望在工作中得到什麼的問題，但是對我在婚姻裡該怎麼做，幫助卻比較有限。在工作場合裡，我堅決要求同工同酬、工作機會均等，以及與男同事享有同樣的發言權。但是在家裡，這些特質對我想要的浪漫親密毫無幫助。面對約翰的時候，我的態度比較柔和、婉轉，這是一種喜歡被人照顧的女性化精神。

人們有時問我，婚姻中的兩性角色為何不能對調？丈夫為何不能跟著妻子過生活，告訴她他想要什麼。或許丈夫與妻子的角色可以互換，但是這種作法對我不管用，對於我認識的其他女性也不管用，因為她們已經採納在婚姻中順服的原則。葛雷就談過這種情況。

葛雷在《男女大不同》一書中提出了這個深受歡迎的訊息——男人與女人的確是很不一樣：在心理、情緒與志向上皆不相同。這個想法使我如釋重負，因為多年來許多女性一直極力主張，儘管兩性在生理上有明顯的差異，男人和女人並沒有什麼不同。但是葛雷認為，女人來自金星，男人則來自火星。用另一種方式來說，女人是圓頭的釘子，男人是方頭的釘子。從本性來看，女人在圓形的洞裡比較自在，男人在方形的洞裡比較舒服。女人和男人一旦欣然接受自己在婚姻中的角色，彼此都會更加愉快。

方頭的釘子也可以釘到圓形的洞裡，就像圓頭的釘子也能打進方形的洞裡。但是我們都知道這種情況是多麼勉強。

東方哲學用陰陽的觀念描述出這個道理。陰是女性化的精神，陽是男性化的精神。兩種狀態在太極圖中緊密接合，形成一個完美的圓。

現在是最佳親密時機

溝通是持續地追求平衡，在渴望親密與追求獨立之間、在互相衝突的需求之間維持和諧。

——坦能（Deborah Tannen）

我並不是說，一九五〇年代的「男人就是男人，女人就是女人」的觀念就是萬靈丹。一個女人是否留在家裡扮演「傳統」角色，與她跟丈夫的感情是否親密關係不大。或許我那沒聽過女性主義的祖母比較願意承認她們喜歡接受照顧，但是我覺得她們對親密感情的了解可能並不比我剛結婚的時候還要多。帶來親密的行為乃是以美德、自我了解與成熟的個性為基石，而不是建立在社會的制約或一個逝去的時代上。

歷史上沒有一個時代像現在一樣，可以讓我們「回到過去」，在婚姻中找到更好的情緒與靈性的聯結。

近年來人們享受的平靜與繁榮使我們得到歷來最佳的環境，有助於促進婚姻中的親密感情。我們的母親與祖母們——她們整天忙於移民到新國家的各種事務、忙於在經濟大蕭條時期找到足夠的食物、忙於送丈夫與兒子上戰場、忙於照顧一大堆小孩

——她們很少有時間思考，哪些行為能增進浪漫與熱情的關係。

我們比前人擁有更多特權。這些特權帶來機會，使我們能享受到溫柔的婚姻、和諧的家庭與完整的自我。

就某些方面來說，女性主義也使我們對親密感情建立更大的遠景，因為我們現在有能力去選擇，讓自己表現出柔弱與信賴的一面，而不是基於經濟或社會的壓力而被迫投入婚姻。我們知道自己有能力獨自過活，但選擇不這麼過，這種態度遠比因為孩子需要照顧、因為自己沒有謀生能力而依賴一個男人更有意義。我們若留在婚姻裡，繼續信任與尊重自己的男人——同時擁有自己的財產、銀行帳戶與離婚的自由——這只是因為我們想要這樣。感謝大力推動女權的安東妮（Susan B. Anthony）、珊格（Margaret Sanger）與絲坦頓（Elizabeth Cady Stanton），她們的努力使我們得以享有這些自由。

由於我經常坦白描述我與丈夫的感情，我在工作上碰到的人——經紀人、編輯與來訪的媒體人員——都知道，跟約翰在一起的時候，我的表現十分柔和，如同戴著一頂女性化的帽子。他們並未因此而不尊重我，因為他們了解，當一天的工作結束，我喜歡被珍惜、被寵愛、被保護、被崇拜。在工作環境受到尊重的經驗證明了我的看法：這兩個領域——工作與家庭——是完全不同、而且相互隔開的領域。

女人可以照顧與保護自己，也能照顧與保護她的家人。男人有時也會希望受到照顧。我並非主張這些性別角色是唯一的生活方式。但是，當我試圖否認性別對我的本性所產生的影響時，這種態度把我性格中最糟糕的一部分引發出來，使我的婚姻面臨極大的危機。

chapter

14

設定界線

Set Limits by Saying "I Can't "

關於自我的知識是一切知識之母。所以，了解自己責無旁貸。徹底地了解自己，了解自己的種種細節、自己的特性、自己的細微之處，以及自己的每一個原子。

— 季伯倫（Kahlil Gibran）

丈夫（或是任何人）若要求你做某一件事，而這件事會使你厭惡、筋疲力竭、失去尊嚴，或是嚴重影響你對自己的照顧，這時你要說：「我做不到。」

直到你能承認自己的極限、接受這些限制，婚姻才會變得寧靜和諧。直到你承認需要幫忙，你才會發現丈夫是多麼想幫你。

在順服以前，我什麼都自己來，這一切只為了一個理由：我想按照我的作法完成每一件事。我喜歡把櫃子裡的玻璃杯倒著放，把要洗的盤子泡在水槽靠右側的地方；我喜歡走高速公路到我們喜愛的那家餐廳，因為這樣比走平面道路快；我們的電話答錄機裡是我的優雅聲音，這樣打電話來的人才得到對我們的婚姻與這個家的「正確」印象。

我沒有給約翰任何機會去做任何事——從選購電腦到跟會計師約時間見面——因為我知道，他不會用我希望的方式做事。每次他想幫忙，我就用各種理由拒絕他。最後他不再主動表示願意分擔任何事。過了一陣子，我下了一個結論：約翰是一個懶惰、不體貼的人。我厭惡他把所有的事情留給我做。但當時我並沒有看出一個明顯的事實：我正在設下陷阱，讓兩人都陷入不快樂的處境。

一手全包的代價

我不能保證如果我們改變了，情況一定會變好；但我可以說，要是想讓情況得到改善，就必須有所改變。

——萊頓柏格（G. C. Lichtenberg）

事實上，當時我並不真的希望他來幫我——至少不像我想描述成的那麼願意。但是掌控每一件事的代價非常高昂。在我多次拒絕之後，約翰退得遠遠的。我犧牲了自己原本可以享有的親密感情，只為了不想讓他擋住我的路。今日我就不再願意付出這麼大的代價。

我傳達給約翰的訊息是：一切都在我的掌控之中。事實上，情況也正是如此。我的作法是不由自主、而不是有效率的；是侮辱人、而不是親切的。我並沒有表現出希望得到幫助的樣子，但這只是一半的我。另一半的我非常想在心力透支以後就此崩潰，我知道就算沒有我，世界也不會因此瓦解。藉著擺出強勢的模樣，我背叛了這個寂寞的我。

即使丈夫謝謝我做了某件事，但他的感謝仍然無法除去我心裡的憎惡，我討厭自己必須一手全包。約翰讚美我的努力時，我覺得不夠。我把他的善意言語當作操縱我的表現，認為他是為了要我做更多的事才稱讚我。

除非我們承認自己這麼想，否則很難跳出這個循環，因為這種模式會不斷強化。以下就是它的運作方式：

1.妻子筋疲力竭，藉著發號施令或叫丈夫做這個做那個，好讓丈夫幫忙。
2.丈夫趕緊執行任務，但並不是出於愛心，而是為了避免更多的衝突。在這種動機的驅使下，他只會做到妻子要求的最低程度，好讓自己儘早脫身。他甚至可能乾脆不做，以證明沒有人能使喚他。
3.妻子對丈夫的表現不滿意，於是決定還不如自己來。她感到非常孤獨，批評丈夫是個懶惰、孩子氣的人。
4.丈夫覺得，世上最了解他的女人認為他的能力很差。於是他回到疏遠、自我保護的混沌狀態。在這事發生後，丈夫與妻子的心情都更加惡劣。

「我做不到。」

在生命的某些時刻，我們都需要聽取勸告，接受他人的幫助。

——卡瑞爾（Alexis Carrell）

如果你覺得體力耗盡，快要無法承擔，我有一個革命性的處方要送給你——練習說：「我做不到。」

許多人都覺得承認自己做不到是個瘋狂的建議。典型的控制型妻子經常不計一切代價，只求表現得很堅強。她既能幹又聰明，看起來不需要幫忙，也不習慣承認自己有任何脆弱之處。但是當她邀請丈夫伸出援手，他會覺得有機會成為英雄，贏得妻子的崇拜與感激。他想當英雄的慾望與自豪的感覺將產生極大的力量，遠超過想擺脫你的負面感受。當丈夫以贏得你的感情為目標，而不是致力避開你的責難時，他就會更加費心處理事情。他會做得更多，態度也更加體貼。

順服的妻子會立刻求助，而且她的態度會讓丈夫覺得她需要他。這種作法與發號施令截然不同。舉例來說：

控制型的妻子：你為什麼不把孩子抱進屋裡來？

順服的妻子：我抱不動孩子。我需要一位強壯的男士來幫幫我。

控制型的妻子：你試試看去付這些帳單。這可不容易！

順服的妻子：付帳單快把我搞瘋了。我再也沒法做了。

控制型的妻子：你最好撥電話，找個工人來。

順服的妻子：熱水器壞了，我不曉得該怎麼辦。你認為呢？

你可以說，你能處理這些事情、你知道該怎麼辦。但是在你走回老路之前，想一想你要付出的代價。你可以一手包辦——只要願意每天都累得半死。要是你希望與丈夫建立親密感情，擁有較多的自由與放鬆心情的時間，你就不能攬下所有的事。從現在起，你要特別注意哪些事情會讓你心情煩躁，然後承認你就是做不到。令人難過的是，這些事你可能已經做了好多年，而且也已為此付出巨大的代價。

費麗帕覺得壓力很大，她得趕緊叫人把舊家的家具運走，這樣房客才能按照計畫在星期一搬進來。而今天已經是星期六，她拿起電話簿，打給搬家公司，但由於通知的時間太趕，搬家公司要求加倍收費。這時，她的丈夫在旁邊問她還要打多久，並說他的肚子餓了。費麗帕很生氣他對搬家毫不關心，也不感激她的付出，她向丈夫解釋這件事是多麼緊急——這已經不是第一次了。費麗帕抱怨說，當她希望他幫忙時，他卻表現得像個孩子。她的丈夫當然不認為有必要對她伸出援手，因為她早已接管這整件事。

現在她的壓力來自兩方面：一是找搬家公司的壓力，一是困擾如何才能讓丈夫長大的壓力。她又打了幾通電話，心裡感到憎惡，還是沒辦法找到搬家公司在星期六來運家具。

第二天早晨，費麗帕還在生氣，她向丈夫抱怨不曉得如何解決這個問題。丈夫非常焦慮，很想解決這個難題，便打電話給幾個朋友，拜託他們來幫他搬家具。到了吃晚餐的時候，整間公寓都搬空了，可以讓新房客在星期一早晨就搬進來。

沒有任何事是非要費麗帕來做不可的。她終於明白，打從一開始就不必把整件事攬在身上。她的丈夫非常了解他們必須把家具搬走，甚至也知道他會怎麼處理這件事。要是費麗帕厭惡獨自承擔這件事的感覺，她可以選擇放下，讓丈夫來處理。

蓋瑞詢問妻子蕭娜能否在星期天早晨同時照顧他們的孩子與鄰居的孩子，好讓他和鄰居去打高爾夫球。她簡單地回答：「我做不到。」他對她的反應感到驚訝，接著問：「為什麼？」她誠實地答道，她那天必須辦很多事，不想再負擔照顧更多小孩的責任。

蓋瑞想出另一個辦法。他找到一位住在附近的青少女，付她一些保母的費用，請她來照顧孩子。

安卓拉的丈夫趕著出差。他對妻子說，他沒有時間在離開以前付清這些帳單，並問她能否幫忙做這件事。

安卓拉明智地答以：「我做不到。」她本能地想要幫忙，但是她為自己感到驕傲。她堅持自己的承諾，不去拯救他，不把處理金錢的重擔接過來。於是他撥出時間，從辦公室趕回來，在離開前付清帳單。由於這項作法，安卓拉沒有讓自己產生憎惡的感覺，也沒有因此而失去她深深珍惜的親密感情。

在丈夫身上看到英雄

你也許會懷疑這種作法對你的丈夫是否有效。記住：男性大都很想幫助妻子，也很願意送她們禮物。他們喜歡當英雄，只要我們給他們這個機會。

想一想電視節目〈坦白相機〉（Candid Camera）的作法。一位女士只穿著一隻鞋，一瘸一拐地走著，看起來快要走不動了。她走近一群男士，請求他們幫助她前往某地。在她的作法裡隱藏著一句話：「我沒法走路。」

其中一位男士──一個陌生人──抱起她，把她送到目的地。工作人員再試一次，另一個人又抱起她，把她帶過去。到了節目快結束時，十五個男人都把這位女士抱過去。這些男人的個子、年齡、體型與種族都不一樣，但反應卻都相同：拯救一個需要幫助的女人。

你的丈夫跟節目裡的這些男人真的那麼不一樣嗎？除非你承認自己需要幫忙，否則永遠不知道他會不會拔刀相助。

掌管全世界

> 一個女人若只能藉著模仿男人而獲得成功，是一種極大的損失，而不是成功。女性的目標不僅是要成功，還要保留自己的女性氣質，讓她的女性氣質影響社會。
>
> ──布蘿格（Suzanne Brogger）

我還有最後一個建議：不要把精力白白耗費在家庭以外的衝突上。

要是房東、校長、店員或公家機關讓你生氣，請盡力避免爭吵。相反地，你要守護自己的精力，把它留給自己與家人。碰到這類討厭的人時，你要讓丈夫知道你需要幫忙。

史黛芬妮覺得兒子的老師對他缺乏耐心，於是趕到學校去見校長。但不久後她就覺得壓力很大，這位老師與學校的心理學家也來參加會議。每一個人看起來都咄咄逼人，毫無關懷之心。

史黛芬妮離開學校時，問題仍然沒有解決。這時她想到丈夫喬，他很願意站出來幫孩子說話，只要她開口求助即可。在下一次的會議上，史黛芬妮與喬一同出席，大部分時間由他發言。史黛芬妮發現，他的姿態與交叉的手臂顯示：他要求對方尊重他。史黛芬妮感到輕鬆，因為校方終於聽進了她的抗議。最後老師改用比較禮貌的態度對待她的孩子，得到皆大歡喜的結果。

不僅如此：喬感到自豪，他保護了妻兒，這件事的結果讓他覺得自己是個成功、有力量的人。他更願意向家人表現愛心。親密取代了敵意，史黛芬妮甚至有精力去享受這份親密。

丈夫或許也會為了能夠保護你而感到驕傲，只要你給他這個機會。你會喜歡隨之而來的益處——和諧、安全、休息與親密。承認你的極限，坦白承認「我沒辦法」以後，這些美好的事物就會隨之降臨。

要是丈夫為了你的事與人發生衝突，他或許會處理得比較好，因為男性不像女性會在處理事情時夾帶過多的個人情緒。因此你可以在適當的時機依賴他來打仗，而不是自己披戴盔甲上戰場，這時你只要站在他後面，讓他來保護你，並且用你的在場來支持他。

不過丈夫也可能讓這件事快快結束，因為他不會對這件事產生跟你一樣強烈的情緒反應。他或許覺得這件事並不重要，因而就此走開。當他這麼做的時候，你要讓這件事過去，用「有什麼關係？」的態度一笑置之。

你的工作並不是糾正整個世界。你不需要非得讓做得不夠好的校長得到懲罰，也不必一定要電話公司改進對顧客的服務。解決這些問題絕對不如得到心靈的寧靜，好讓你用心創造親密婚姻來得重要。

你要為自己與子女提供生命的養料，而不是掌管整個世界。若要讓世界變得穩妥理想，你必須先讓自己得到妥貼的安頓，你必須把心力放在自己的感覺與需要上。記住：你無法改變電話公司或校長，但是你能治好你自己。

chapter

15

表現脆弱的一面

Strive to Be Vulnerable

要不要我告訴你最有破壞力的事是什麼？一切的破壞都是為了愛。這就是人們對它冷嘲熱諷的原因。它真的值得你奮鬥、勇敢爭取、押上一切。問題在於，若不押上一切，你的風險還會增加。

— 瓊恩（Erica Jong）

要努力表現出柔弱的一面——表現內心最溫柔的感受；受傷的時候坦白承認，而不是用憤怒來加以掩飾；害怕被丈夫拒絕或拋棄時，鼓起勇氣來提醒自己，相信你跟丈夫在一起是安全的。

記住：你跟丈夫能夠達到的親密程度，取決於你有多麼願意讓他看到脆弱的一面，因爲我們都藉著脆弱來跟別人建立感情。

脆弱與軟弱不一樣——脆弱的人需要更大的力量與勇氣，好在情感上承擔風險，軟弱的人則是留在原地防衛自己。

順服要求你有意識地讓自己表現出脆弱的一面。你必須冒險追求自己渴望的美好婚姻。

對丈夫表現出脆弱的一面意味著：受傷的時候，讓眼淚流出來，而不是用憤怒來掩飾傷口。即使我覺得他在攻擊我，也要放下拳頭，讓他明白我是脆弱的。縱然在我最沒有準備的時刻、縱然我知道他可能會拒絕我或拋棄我，我也要堅持下去。

但是我為什麼要這麼做？為什麼要冒這麼大的風險？

因為我能享受到的夫妻感情的親密程度，取決於我能對他表現出多少的脆弱。因此，順服的一大要素就是努力對丈夫表現出脆弱的一面。

當你卸下任何防備，就會表露出個性中自然與人建立感情的一面；你會提醒他，讓他注意到你人性的一面——以及他自己的；你會激發他的男性本能，讓他想要去保護你、支持你。還記得〈坦白相機〉的節目嗎？

當你卸下防衛，真理便以親切的方式湧出。你會感覺到無可比擬的歡愉與喜悅，因為他愛你本來的樣子，而不是你應該做到的模樣。親密來自你們承認自己並不完美以後內心所產生的一股輕鬆感，也來自你發現自己依舊是個可愛的人。當你從心底感到放鬆，親密感情就會不斷湧現。你再也不用時時警醒地防衛，因為你知道自己是安全的。

濫用生存本能

親密需要勇氣，因爲風險無可避免。在一開始，我們無法知道這份感情會如何地影響自己。

——梅（Rollo May）

順服於丈夫會讓你感覺到自己從來沒有這麼脆弱過。連你的生存本能都會在耳邊尖叫：在婚姻中表現脆弱是瘋狂的行為！當你表露出真實的慾望與感受，不用憤怒的情緒或控制的作法來掩蓋它們，你就有可能因而心碎或是失望透頂。然而，冒這麼大風險可能得到一個報酬，就是丈夫有機會以溫柔親切回報你，而不是用防衛的態度對待你。當你卸下剛硬的防衛，他也會覺得表露自己是安全的。他不會讓你心碎，反而會溫柔地把你捧在胸口。

有些人可能會告訴你，順服是一件可怕的事，因為它是「如此地歧視女性，如此地反女性主義」。他們會說，我所建議的看法是走回頭路，退回五〇年代的想法。要是這麼做，你就等於放棄了女性爭取到的平等與獨立。

這種講法隱藏著一項主張：女性不應讓自己變得脆弱。

我了解這種主張，因為我以前也認為脆弱是應該避免的東西。我認為脆弱的人就是軟弱，但是對於一個要在社會中站出來、身心都很強健的女性來說，軟弱是一種非常沒有魅力的特質。今天我卻努力在婚姻中表現脆弱，並把我能露出自己柔軟的一面，視為最佳特質。我不再排斥脆弱，反而認識到它的吸引力。

脆弱的最大魅力在於，它是一種神采，當你知道對方熱情溫柔地愛著你，當你全心全意地以愛回報，這種奇妙的了解就會讓你神采煥發。當你們十分親密，你們會知道彼此的特質，而這些特質是你們不會向別人表露的。你們會覺得這些特質使彼此更有魅力。你能肯定、相信他永遠不會利用他對你的了解來攻擊你，因為你是用最信任的心與他分享這些事。他因此深感榮幸，緊握住你的雙手。

分享親密感情能使你們自然地掃除障礙，走向愛的大道，因為它會除去防衛的阻擋。你的熱情一直存在，但是你和伴侶隔得太遠，你感覺不到這份愛。初識時心中那種急切想接近對方的衝動仍然存在，只要情況合適，你就會重新感受到這股激情。

最初的情意是日後感情的基石，保住了它，我們才能長期擁有健康的性生活、在困難時仍願堅持下去的意志力、在平凡日子擁有的興奮心情，以及有時在結婚多年的夫妻眼中看到的親愛眼神。

說出你的思念

過去我經常叫丈夫不要一直看電視、哀求他不要工作到深夜、告訴他我需要他幫我為院子除草。我真正要的是：希望他能多把注意力放在我身上。不消說，在這個階段，我的策略不僅毫無用處，還帶來其他反效果。

現在我採取一種比較脆弱、也比較有效的作法。以下我將詳加說明。

讓我們假設，你要的是在婚姻中得到更多的注意力與更多的浪漫感受。讓我們進一步假設，丈夫已經遠離你，因為他的工作繁重，又經常打高爾夫。你覺得，只要他的工作量少一點、高爾夫球少打一點、多待在家裡，他就會給你更多的時間。在你心中，占據他的時間的任何事情都是阻礙，使你們無法促膝長談、共享燭光晚餐，以及一起享受泡泡澡。你開始討厭他不在家時所做的每一件事，因為你在心中暗暗與這些事競爭，爭取他的時間和關注。

梅根對丈夫就有這種感覺。她的丈夫史提夫在一家高科技公司任職，經常加班到深夜。她總是告訴他，她恨透了他一直在加班，她需要有人幫忙做家事。這項要求當然未能讓他多待在家裡。

史提夫或許也覺得想要防衛，覺得妻子絲毫不感謝他的努力。我聽過許多男人說：「難道她不明白，我工作得這麼辛苦都是為了她嗎？」對他來說，梅根的要求等於在向他施壓，而他已經試著在工作與家庭的需求之間取得平衡。

學習順服之後，梅根發現在憤怒情緒的背後潛藏著一種更脆弱的感覺：寂寞。丈夫經常不在家，她很想他。叫他去做某些事、叫他幫忙家務，都是要他待在家裡的方法。然而她的連聲抱怨非但沒有把史提夫拉回來，反而把他推得更遠。

梅根與史提夫的轉捩點終於來臨。她鼓起勇氣對他說出一個已經持續多年的事實：她想念他。

你可以想像得到，這種作法會產生影響力。史提夫沒說什麼，他只是微笑，用欣賞的眼光凝視她。令她驚訝的是，史提夫那個禮拜竟然有兩次早一點下班回家。

梅根讓丈夫知道，她渴望有他在身邊、有他陪伴她。這種表達是一種對他的恭維，而不再是過去那樣用斥責的方式來提出要求。她讓史提夫覺得他很重要、覺得她在情感上需要他，而不只是在實用方面需要他的付出。

當你發現自己希望丈夫不要一直看書報雜誌、不要看電視、不要加班、不要打高爾夫球時，你要告訴他你想他。只要你有這裡感覺，就坦白地說出來。

你就是想念他

有些女性不願對丈夫說，她們很想念丈夫，因為她們的感受不是這樣。「我只是受不了總是由我一個人照顧孩子。」她們對我說。事實上，這些女性的確很懷念丈夫的某些部分。無論你想念的是他來協助管教孩子、他的存在，還是他那情愛的觸摸，這些事情都不屬於物質層面。你要傳達的只是一個訊息：你想他。

要傳達這個訊息確實需要勇氣，但是請記住，丈夫深愛你柔情的一面。想像一下：當你不再聽到自己成天抱怨、活像母親發脾氣時一樣，這時你會覺得多有尊嚴。想想，當你不受誘惑、不再連聲抱怨，而是表露出內心最深處的感受，你會省下多少精力、增添多少和諧。要是你渴望得到浪漫的夫妻感情，我敢向你保證，這種風險絕對值得承擔。

chapter

16

承認受傷

Admit It When You're Hurt

已婚的人就是那些承擔極大風險去追求親密感情的人，他們之所以承擔這種風險，乃是因為他們了解，沒有親密感情，生活就過不下去。

— 赫布倫（ Carolyn Heilbrun）

> 每個丈夫有時都會對妻子說出傷人的話。這時我們會有一股衝動，想要刺回去作爲報復。不幸的是，這種作法會讓你掉入陷阱，掀起一場大戰，最後兩敗俱傷。
>
> 要是你能忍住「打回去」的衝動，你就能使彼此避開未來的傷害，增加婚姻裡的親切慈愛。丈夫刺傷你時，你要開口說：「好痛！」然後離開房間。當你不用刺傷他來報復、懲罰他，你就保住了自己的尊嚴，並爲日後的親密與平和打下基礎。

丈夫有時會說出讓你受傷的話。我知道這一點，因為我家的情況也是如此。如果你和我一樣，第一個本能就是說些嚴厲的話作為報復。這種作法幾乎總是引起一場大戰。我雖不願承認，但我的個性中有一部分確實喜歡跟約翰好好吵一架。或許我喜歡這種激烈的情境與亢奮的感覺，也或許我喜歡把情緒發洩出來。

儘管我喜歡回嘴吵架，但我再也不願付出沉默與冷戰的高昂代價。我盡量避開它們。令人驚奇的是，我們現在很少吵架了。對我來說，避免衝突的關鍵在於當我感到被刺傷時，要忍住反擊的衝動。這種衝動與我在小學三年級被同學拉扯頭髮時，立刻踢他一腳的衝動完全相同。不去報復別人不容易做到，但是我們做得到。直到順服以後，我才學會怎麼做。

有一個克制自己報復的方法十分有效，就是在丈夫用言語攻擊你時，開口說：「好痛！」然後走出房間，好讓你不致說出傷人的話。只要說：「好痛！」然後走開。你不必說明他的話為何刺傷你，也不必要求他道歉或是說些別的。

他會明白的。

當我提出這個建議時，有些女性抱怨說，這種作法聽起來實在愚蠢。我所聽到的是，在她們的抱怨背後隱藏著一個訊息，就是這種作法過於脆弱。說「好痛！」等於是告訴丈夫，他對著你的喉嚨重重擊了一拳。我們的本能是隱藏軟弱的部位，好讓我們顯得強大無敵——他若從未發現他傷害了我們，我們就推論，這跟沒有受過傷完全一樣了。

這種看法是錯誤的。

丈夫已經知道你的弱點在哪裡，喊痛並不會給他任何新的訊息。表面上他雖像對立的敵人，但他不是。你們站在同一條船上，向他展現脆弱的一面是提醒他這個事實的絕妙方法。

不要回嘴

沉默是最難駁倒的辯論方式。

——畢林斯（Josh Billings）

當丈夫用言語攻擊你時，你若不朝著他叫罵，也不責怪他講這些話，他所聽到的就只有自己的責備聲。他會覺得自己傷害了你，而你卻沒有用同樣的方式回應，這種情況使他感到羞恥。

例如丈夫若說：「你從來沒賺到過什麼錢！」這時你只要說：「好痛！」而不是：「你也沒有賺過多少錢，對不對？」在過去，一旦你作出反擊，他就會把自己的行為合理化，認為你不是好相處的人。要是你沒有講出惡劣的話，他就找不到藉口來把傷人的行為合理化、防衛自己，以免被你的言語所傷而失去男子氣概。你留下空間讓他面對這種醜惡的行為，反省他為何要傷害自己最愛的女人。

當下的惡因

小時候我們總是想著，自己長大後會變得不再如此脆弱。但是長大成人就是接受自己的確脆弱的過程。

——莉恩格（Madeleine L'Engle）

當你說出一句傷人的話，丈夫很可能會用同樣的方式回應，使你也受到傷害。所以，每次你講出有殺傷力的話語——即使是他開頭的——你都是在給他理由讓他反擊。你不必對他的行為負責，但是避免傷害最保險的方法就是一開始就不要捲入戰爭。一旦你加入與配偶的爭戰，你就在當下種了新的惡因。

說聲「好痛！」意味著，你得以保住自己的尊嚴。這個神奇的字眼能夠很快讓你們恢復平靜。運用這個字眼是為了對自己誠實，尊重自己的感受，而不去處罰別人。這種作法需要成熟的心態，但它可以促進親密感情。最後，隨著家中日益增強的安全感與和諧感，放下武器將會成為你的本性。

最棒的是，你會教導丈夫溫柔地對待你。他會迅速學到這些道理，用審慎的態度處理自己的情緒。

chapter

17

讓丈夫作孩子的父親

Let Your Husband Be the Children's Father

身教勝於言教。

— 佚名

丈夫有時也不是完美的父親，但是你對他的決定若能給予尊重和支持，就能避免不必要的權力衝突、保持家庭的和諧。孩子會有一個爸爸、一個媽媽不是沒有理由的，所以你不應干預丈夫的作法，而要讓他對子女的教養作出貢獻。

丈夫若對孩子沒有耐心，你要反省自己是否對他表現尊重的態度。恢復家庭和諧的最快方法就是爲了你在某件事情上不尊重對方而道歉。

列出清單，記下丈夫與你在教養子女上的不同作法。他的方法爲什麼比較好？（我們已經了解，你認爲你的方法比較高明，但是現在請試著從這個角度來思考。）

凱文是卡洛琳的先生。儘管照顧兩歲的女兒與鄰居的兩個兒子讓凱文吃不消，但他並沒有把這種感覺表現出來。

凱文照顧他們的時候，一個男孩開始鬧肚子，糞便把衣服與大腿全搞髒了。凱文立刻把孩子帶到後院，在溫暖的七月陽光下為他沖洗。孩子看起來很高興，身體也洗乾淨了。但是卡洛琳與孩子的媽媽都很驚訝，這個成年男人竟然沒有想到可以使用浴缸幫孩子洗浴。

琴恩在週六近中午時回家，看到孩子仍然穿著睡衣在看卡通，她十分驚訝。儘管孩子的父親不是完全不管孩子，小孩面前的空餅乾盒仍然顯示，他們今天的早餐就是這些餅乾。

克萊兒看到丈夫把女兒們拋到空中，感到非常震驚。他一向可以接住她們，但是她絕對不會做這種事。

看到丈夫採取不同的育兒手法時，妻子往往感到緊張。但是順服包含了接受一個觀念：丈夫的作風與你不同，並不表示他是不稱職的父親。卡洛琳的丈夫的確把孩子洗乾淨了；吃餅乾當早點可能不是最營養的食物，但是並不比含糖的喜瑞爾穀片更糟糕，而且琴恩的兒子們也沒有挨餓；在父親強壯的臂彎裡，克萊兒的女兒們覺得既開心又安全。這些父親把育兒工作做得不錯，只是他們的作法與妻子不一樣。

好媽媽不等於好爸爸

孩子的爹，你能不能跟他談一談？

——克莉佛（June Cleaver）

只有女性知道如何做個好媽媽；只有男性曉得如何作個好爸爸。因此，女性想指揮丈夫如何教導子女時，她就走進一個不熟悉的領域。她不應掌控這裡的局面。同樣的道理，因為我沒有孩子，我完全不曉得如何教養子女。要是我告訴你該怎麼做，那就太過份了。相反地，我只想告訴你向我求助的夫妻的經驗。

拿凱迪絲作例子，她在順服之前很擔心丈夫喬爾很少花時間跟孩子相處，只是讓孩子一直看電視。她希望喬爾對他們的兩個幼兒溫柔一點。她讓他知道，她不贊成孩子經常玩扭打的遊戲，而喬爾似乎鼓勵孩子這麼做。

在凱迪絲順服之後，她很快體會到，當她干預丈夫與子女的感情時，就是在傷害自己的家人。喬爾覺得受到限制，被她批評不是好爸爸時，他會大發脾氣。兩個男孩失去了快樂、和好相處的父母。再者，無論我們喜不喜歡，扭打都是男性與子女建立健康關係的一種主要活動。

只有爸爸能做

做爸爸，就是假裝你最喜愛的禮物只是一塊連著繩索的肥皀。

——天才老爹寇斯比（Bill Cosby）

在教養子女的範疇裡順服於男人，這種處境是什麼滋味？不要抱怨他給女兒穿粉紅襯衫配大紅裙子，或是給兒子穿上去年就穿不下的長褲。順服的原則在這裡同樣適用：不要批評、不要發出忠告、不要糾正或指導。這種態度對全家人都會產生正面的影響。

其次，你要作出明確的表示，讓孩子要求爸爸的許可或協助。如果大都是你在陪孩子，就更需要這麼做。例如，當全家人在商店裡，孩子走到你面前，詢問他能不能買某一樣東西時，你可以叫他去問爸爸：「看爸爸怎麼說。」要是丈夫說不可以，就不讓孩子買。否定丈夫的決定會削弱他的權威，而男性最厭恨這種事情。

蒂娜的女兒們發現媽媽變得比較尊重爸爸葛瑞格時，她們也開始起而效法。練習順服幾星期後，蒂娜的十三歲女兒布里妮翻閱雜誌時看到一個測驗——「你的丈夫成熟嗎？」布里妮開始拿測驗裡的問題來問蒂娜，蒂娜打斷女兒的話，告訴她爸爸當然成熟。她還說，這篇文章寫得不恰當、不尊重別人。

那天晚上吃晚飯時，布里妮謝謝父親給她錢去書展買書。蒂娜發現，女兒經常跟父親說她們需要什麼時，她知道孩子與爸爸的關係有所突破。蒂娜對葛瑞格的態度不再是把他看成沒什麼用的人，而會尊重他的決定與意見，孩子就自然地把父親看成有權威的人。過去她們把蒂娜視為權威的象徵，有問題總是找她。現在她覺得如釋重負，不再感覺自己像單親媽媽一樣，因為家裡有兩個人在管事。

在順服之前，蒂娜與凱迪絲都很擔心丈夫忽略了孩子。事實上，她們的丈夫是從家中退出來以求自保。他們曉得，只要跟孩子在一起就會遭到妻子的抨擊。我並非說丈夫跟孩子不親是妻子的責任，妻子不應為此事負責，但是一個感覺受尊重、覺得自己有成就的男人，絕對比一個感覺受責怪、覺得自己是個輸家的男人更願意陪伴孩子，也更會是一個好爸爸。

就像以前的電視節目〈爸爸最懂〉（Father Knows Best）一樣，丈夫比你懂得如何做爸爸。只有爸爸能教導兒子做個男人、教導女兒建立期望、了解男人該怎麼待她們。只有媽媽能教導女兒該怎麼做個女人、讓兒子獲得關於女性的健康知識。父親管教子女的方式與母親不一樣，母親滋養孩子的作法與父親不同，兩種角色是互補的。在理想的情況下，子女會在成長過程中受到父母的不同影響。有時父親過於嚴厲，或是太遲鈍，即使如此，把父職留給他仍然是對你、對孩子最有益的作法。當你察覺自己在批評他的作為時，要問自己：你究竟擔心孩子發生什麼事？他也許並沒有將保護孩子的工作做得十全十美，但你也一樣。

在順服課程中，一位女士曾抱怨，她覺得把孩子留給丈夫讓她很沒有安全感，因為當她回家的時候，孩子身上有時會出現擦傷。她這麼說的時候，其他的女性紛紛同情地點頭，大家一起看我有什麼反應。我不曉得該說什麼，情況看起來有些嚴重。還好我那明智的朋友安妮塔靜靜地說：「孩子跟我在一起的時候也會有擦傷。」安妮塔讓我了解，我們有時對丈夫的標準實在太高，例如要求孩子跟著他時完全不能出一點事。無論父親有多麼負責、多麼仔細，他永遠無法達成這種期望。

要是你老是尋找丈夫的錯處，認為他沒把孩子照顧好，那麼你要想想：身為一個母親，你犯過多少你希望自己沒有犯過的錯？再想一想：如果每一次你犯了錯，他就批評指責你，你會有什麼感覺？

你敬重誰，孩子就敬重誰

要是你的心靈不是敞開的，就把你的嘴也閉上。

——葛拉芙頓（Sue Grafton）

無論孩子的年齡是大是小，他們都會從父母的言行中尋找線索，判斷家中掌有權威的人是誰。要是媽媽不敬重爸爸，他們為什麼要敬重他？對於青少年來說，這種情況特別明顯。許多比較大的孩子有時會從媽媽那裡尋找藉口，證明爸爸對他們不好。要是你的孩子想抱怨爸爸的不是，你可以傾聽他們的話，但是你在談話時一定要對自己的伴侶保持尊重。瑪麗安的女兒是個大一新鮮人，她很生氣爸爸因為抱孫子而忽略了她。在瑪麗安學習順服以前，她與女兒多年來都是一起抱怨這件事。

當她順服之後，女兒想向她抱怨父親。瑪麗安耐心聽完，但是她沒有贊同女兒的牢騷，而是溫柔地提醒孩子，她爸爸曾經對她作過多少的付出——付錢讓她上大學、對她的暑假打工提出傑出的建議、幫她維修車子。她提醒女兒，他對她的學業、打工的選擇與汽車有多麼關心，這顯示他是多麼在乎女兒是否安全、是否快樂。保持感激之心，以身作則地教導孩子是最有效的方法，它能讓子女明白自己有多麼幸福。

聽爸爸的

你若不斷向孩子強調，爸爸說的話就算數，丈夫就比較不需要向孩子證明孩子應該要尊重他。

凱莉與丈夫傑瑞帶孩子到遊樂園時，她很不想讓孩子聽爸爸的話。以前都是她自己帶孩子到遊樂園玩，而母子間有個慣例，就是她會為孩子買根棒棒糖。為了替丈夫建立權威，她問傑瑞要不要給孩子買根棒棒糖，傑瑞說不要。凱莉確信丈夫的作法太過嚴厲，她對丈夫的反應很不高興，但是她忍住了，以表示對他的尊重。那一天孩子沒有吃到棒棒糖，還好孩子年紀小，很容易被遊樂園的其他活動吸引，因而沒有為此事而哭鬧。

聽到這件事，我覺得傑瑞的作法不合情理。他為什麼不買根棒棒糖，保持這項對孩子如此重要的慣例？這只是一件小事，但是我很讚賞凱莉什麼也沒有說，遵從他的決定。她放棄了自己的權威，以對孩子的爸爸表示尊重。孩子並不在乎沒有吃到棒棒糖，他有好多東西可以玩。試想，要是她沒有在這件「小事」上尊重傑瑞的決定，他們要付出多大的代價？傑瑞會覺得她在跟他作對而生氣，之後還可能會遷怒於比他幼小的人。

他們下一次去遊樂園時，凱莉已有一段時間盡力尊重丈夫，家裡的每一個人都很享受這種和諧與親密的氣氛。這一次，傑瑞開心地買了一根棒棒糖給孩子。再下一次，他主動想到要買棒棒糖給孩子。

當傑瑞變得比較慷慨，凱莉就更自然地願意去尊重他。要是凱莉在丈夫起初拒絕買棒棒糖的時候沒有尊重丈夫的決定，他們也許永遠無法做到今日互敬互愛的程度。

以敬重化解衝突

只要男性感覺妻子尊重他，他就會用與過去截然不同的作法，起而履行父親的職責。即使父親在家中經常以言語傷害子女，這樣的家庭仍然有希望重獲幸福（只要父母沒有毆打子女、對子女施以性虐待，或是父母有毒癮、酒癮等問題）。丈夫感覺妻子敬重他時，子女比較不會受到不當的處罰，也比較可能得到父親的關愛。或許這是因為父母很容易拿孩子當出氣筒。例如一個男人對妻子老是發號施令感到憤怒，他可能隻字不提，免得發生衝突。但是他的憤怒沒有平息，反而發在孩子身上。這是極為不公平的，但是這也完全符合人性。

既然你已經認定他是個好人，就要盡力不去干預他的決定。這只是另一種方法，你設定正面的期望，鼓勵丈夫作個好爸爸，而且只有他曉得該怎麼做個好爸爸。

我非常欣賞那些能夠在教養子女時做到順服的母親。儘管母性的本能會不計一切保護孩子，她們從未忘記，丈夫也很想保護孩子。我在這些女性身上看到極大的勇氣，她們超越了保護幼雛的本能，敬重丈夫處理事情、面對危機的作法。長遠來說，她們會發現丈夫成為更願意付出、更體貼的父親，以及更熱情、更浪漫的情人。我不知道等我有了小孩以後是否能做得像她們一樣好，但是我要向這些女性致敬，因為她們讓丈夫學會了作孩子的父親。

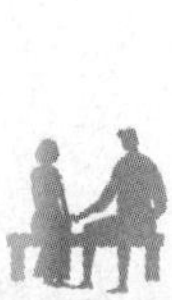

chapter

18

傾聽心聲

Listen for the Heart Message

最不值得別人愛的人，就是最需要愛的人。

— 哈里根（John Harrigan）

花一個晚上的時間傾聽丈夫說話。即使你和他都沒有說什麼，也要認真傾聽他說的每一句話。藉著點頭，不時說：「真的？」或「嗯。」微笑著鼓勵他多講一點。然後用心傾聽。無論你是否同意丈夫的看法，你都要說：「我在聽你講。」藉以表達你把他的話聽進去了。

我的丈夫幾年前得到一份薪水比較高的工作時，說了一句諷刺的感想：他希望他賺的錢夠我花用。

我覺得既驚訝又受傷，但是我沒有說什麼。幾分鐘後，我找個機會告訴他，我為他得到這份新工作而感到驕傲，我覺得他把我照顧得很好，讓我很快樂。這一次我很幸運，因為我在他的言語與腔調裡聽出了他真正要說的訊息——他希望我再次向他保證，我很賞識他。

有一次他發出這種「心靈訊息」時，我作出情緒性的反應。他立刻大發脾氣，從那時起，我很久沒有聽到他再對任何事情發表看法。

心靈的訊息是一種陳述，表面上它像在表達某種意思，但是只要再挖得深一點，就會發現另一種含義。丈夫或許不會直接表露他的情緒，但是只要你仔細傾聽，就會聽到他的話裡隱含的脆弱與事實。你該了解的就是隱藏在話語背後的訊息。

我經常在一開始不明白丈夫話裡的含義，直到我向另一個人談起此事來，才突然明白他的意思。心靈訊息有時會隱藏在抱怨的話語裡。比較浪漫的作法是，不要因為抱怨的表面意義而作出情緒反應，要面對抱怨背後的真實訊息。以下是包含心靈訊息的幾個例子：

表面訊息：「不要老是孩子一要什麼，就買給他們。」
心靈訊息：「我希望你多注意我一點。」

表面訊息：「無論我做了多少，你永遠覺得不夠。」
心靈訊息：「我希望你感激我。我要你注意到我做了什麼。」

表面訊息：「我做的事沒有一件讓你開心，對不對？」
心靈訊息：「我擔心我不能讓你快樂。我希望我有能力做個好丈夫。」

心靈訊息不易讓人了解，你需要仔細地傾聽。在我聽見這些訊息以前，我必須把自己的音量轉小，以下會說明這一點。

有很長一段時間，我認為約翰必須變得更主動，不能再讓別人踩在他頭上。我懇求他、操縱他、迫使他站出來為自己說話。我作好所有的決定，然後因為他不與人溝通、不去表達他的理念而感到生氣。我問他問題，然後自己提出答案，再抱怨說我從來沒有了解過他在想什麼，他對許多事一直漠不關心。

諷刺的是，我一停止替他發言，就開始聽到約翰表達自己的觀點與欲求。當我發現問題不在於他，而是在於我聽不進他的話、在於我的喋喋不休時，你可以想見我是多麼震驚。

事實上，讓約翰變得沒有聲音的人是我。他的聲音向來不如我響亮，所以我聽不到他的話。直到我把自己的音量轉小才注意到他在講話。同樣地，一旦約翰發現他的話根本沒有人聽，他就不再提供意見。當我確信自己的構想比較高明、當我表現出沒有必要再聽他的看法時，他為什麼要勉力進言？

願意傾聽的人是最好的談話對象

只要女人肯聽男人說話，男人就幾乎已經愛上她。

——法蘭西斯（Brendan Francis）

該如何把自己的音量轉小呢？我用許多膠布把嘴巴封上，以免講出會讓自己後悔的話。

例如，有一天晚上我和約翰在家看書，這時我打斷他，問他離我們退休還有多少年。於是他大發脾氣說，現在不是談這件事的時候。他的反應讓我震驚。我沉默地坐了幾分鐘，試著想出既聰明又傷人的話來報復他。但我還沒開口，他就說：「對不起，我跟你發脾氣，但是好久以來我一直擔心沒有存錢到我們的退休帳戶裡去。我大概是不願意面對這件事對我們退休以後的影響。」

還好我沒有回嘴。要是我作出反擊，就無法聽到他的道歉，還會掀起一場大戰。結果我是幸運的。我沒有想到報復的話，因而給他留下反省的空間，在我罵回去以前跟我談開來。因此我發現，我不該立即反擊，用叫罵塞滿對方原本安靜的心靈空間。

每天至少要花幾分鐘的時間，在一般會開口講話的時候住口不言，以便在談話中創造「空缺」（人們往往自然地想用談話填滿缺口）。若要進一步了解這種情況，可以想像家中的客廳是否需要新的家具。如果客廳裡已經擺滿舊家具，你就得丟掉一張沙發，好挪出空間來擺新沙發。於是你會有一塊空缺的地方，一塊渴望擺上家具的空間，那就是舊沙發以前擺放的地方。在人際關係中保持安靜的心情，就等於在還沒有想好要添新家具之前，把舊沙發先行丟棄。它能挪出空間，讓有趣、無法預料的事情進入心中。

換句話說，你要安靜下來。

當你靜默不語時，留心傾聽丈夫要說什麼。傾聽是聯繫感情的重要關鍵，但是女性往往忽略了它。你若認為丈夫沒有什麼話要說、沒有自己的看法，只會成天呆坐在房裡，很可能是因為他的話從來得不到注意。要是你發現他不關心家人的需要，或許那是因為長久以來你一直沒有把他的話聽進去。

我聽到了

有時光是傾聽我們所愛的人說話，就是一種極大的喜悅。

——麥克納布（Vincent McNabb）

多數人喜歡聽自己說話，但是你若想把丈夫的話聽進去，就得做個好聽眾。這表示在談話時，你必須表現出仔細聽到他的言語的樣子，而不是一心想著等一下自己要講什麼。培養傾聽能力的第一步就是不要頻頻開口。藉著眼神的接觸、保持靜默，以及在適當的時機發問，鼓勵他表達想法。但是不要用一連串的質問對他進行疲勞轟炸，因為這種作法使人感到你有侵略性。

一個好聽眾會表示他在認真傾聽對方所講的內容，而不會插入自己的類似經驗，或是立刻向對方提出建言。我用以表達這種態度的方法是說「我在聽。」這句話讓我丈夫安心，因為他知道我在專心聽他講。這句話也能用來提醒自己，讓我想到我不必說出任何評語或是給他建議。

當你不去干擾丈夫，你會成為更好的聽眾。你要把等他講完看成一件重要的事，然後在心裡悄悄從一數到三，再說出你的想法。這個方法能表現你在聽他說話，而不是只想著自己等一下要講什麼。

我有個當業務員的朋友莉亞告訴我，如果你表現出恰當的身體語言，別人就會愉快地對你打開心胸。為了鼓勵對方這麼做，她會把頭微微傾斜，偶爾揚起一邊的眉毛，只說：「哦？」我驚奇地發現，莉亞真的能讓別人對她講出內心的話。

我還認識一位女士，她想讓正值青少年期的兒子與她分享生活點滴。但她越是問他，他越不肯講。最後她決定不去訊問他，而是給他機會，讓他自己說出來。他放學回來時，她靜靜地準備晚餐。兒子走過來坐在餐桌旁邊，開始告訴她他的朋友如何、如何，今天在學校吃午餐時發生了什麼事。這位明智的女性曉得應該要傾聽，不要批評與審訊，於是她得以了解兒子的生活。

同樣的作法對你也很有效，它可以把丈夫從暗處拉出來。你不需要問他許多問題。他也許不會講出心裡的感受，但是他會把對他重要的事情告訴你，而在這些話語裡，你會聽到心靈訊息。當你仔細傾聽，你就能聽到這些訊息，也就能確定你們的親密感情將會自然來臨。你會與這個你很了解的人建立深厚感情，因為他會感受到你真心傾聽背後所蘊藏的深愛。

讓他暢所欲言

愛的首要職責就是傾聽。

——帝里區（Paul Tillich）

在許多談話中，說出「我在聽」可以成為妻子送給丈夫的極佳禮物。例如，夏儂的丈夫談到他希望在退休後到農莊裡生活。由於她以前曾阻止他買下農莊這種佔地甚廣的不動產，他說的時候瞪著她，防衛地說：「我只是說說而已——這不過是一個想法。」

為了表現她聽進去了，而且對他的話語沒有任何判斷，她簡單地說：「我在聽。」之後，他對她詳細講述他在心中描繪的遠景，她覺得兩人十分親近，她已經很久沒有感受到這種親密感了。他披露了心中的某個部分，這個部分她一直沒有觸碰到——他不准她碰——從他們結婚以來就是這樣。聽到他描述自己的理想，談到訓練馬匹、養一隻會跟前跟後的忠狗，讓夏儂想起以前她覺得他是個多麼親切又有魅力的人。經過十年的婚姻生活，夏儂看到了丈夫的這一面，她彷彿是首次見到他的這一面——渴望簡樸、寧靜生活的這個部分。

一位女士抱怨說，她在家中做事時，丈夫總是跟在身後。她想到，丈夫可能有話想對她說。另一位女性發現，她跟丈夫談話時，每隔幾分鐘她就會打斷他，不是跳起來去收衣服，就是跟孩子講話，要不就是去接電話。還有一位女性總是問丈夫問題，在他尚未回答前，就拒絕再聽下去。請注意觀察，丈夫是否經常想跟你談話，而你又是如何回應。你要注意自己的反應，因為這種作法能幫助你了解他。

我有次作了一個實驗。我跟丈夫出去吃晚餐，那天晚上我試著光聽不說——不去談論自己——整個晚餐時間都是如此。這麼做並不容易。他有許多有趣的事情要說，但是我一直分心，不斷想著我要告訴他什麼事。我必須非常努力才能保持傾聽的態度。我曾想，他或許會問我為何今晚如此安靜，但是他沒有。或許他不想破壞這個暢所欲言的難得機會。

chapter

19

溫柔交歡

Take a Feminine Approach to Sex

你是珍，我是泰山。

— 泰山

想一想，男人和女人在性別上的差異有多大。異性相吸，所以，差異越大，情人之間的吸引力就越強烈。你越是女性化，你的丈夫就會表現得越男性化。爲了讓你們之間擁有最大的吸引力，你要讓彼此之間的差異拉大。

要達成這個目標，你應在你們相處的時候盡量表現得女性化一點。你要努力展現溫柔、和悅、細膩與接納的特質。你越表現得像個女人，你越會感覺到自己很性感，你在丈夫眼中也會變得越來越有吸引力。

你不應對丈夫說「我們來做愛吧。」或是「我們已經兩個禮拜沒有做愛了。」用神態、香味、身體和聲音來誘惑他。有許多方法能讓他知道你對他有「性」趣，而不必直接提出要求。所以，你應找出對你有效的方法，在有心情燕好時善加利用。

夫妻之間的性別差異能為房事增添趣味。你不必追求雙方的一致與相同，而要強調與欣賞彼此的獨特氣質與個性。就像我們必須在黑夜的襯托下才能看到星星，丈夫傑出的男性特質也必須在我們展現女性氣質後才能顯露出來。藉著表現女性化的特質，我們讓丈夫的男子氣概大放光芒。沒有陰就沒有陽，陰陽相生，形成甜蜜飽滿的狀態——在性愛方面尤然。

控制慾強的妻子表現出許多男性特質，使得夫妻性別特質的差異變得很小。於是丈夫也會對你表現出中性的氣質，以便與你相配。他對你的吸引力會變小，因為他變得比較女性化。多年來女性一直要求男性變得更敏感細膩，但是男性一開始談論內心的感受，女性就不再覺得他們有魅力了。我曾提醒許多男士，叫他們不要掉進這個陷阱，因為女性要的是一個男性化的男人——一個表現出強烈男性特質的人。做到這一點的最佳方法，就是女性先行調整自己的態度。為了配合你，他會隨著你的改變而作調整。

大多數夫妻在婚姻初期的相處時，往往表現出明顯的性別特質。性愛之所以在這段時間顯得特別刺激，部分原因就是性別氣質的差異很大。但是新鮮感會隨著時間減弱，由於你在親熱時變得比較有侵略性（這是一種男性特質），加上他在性愛上變得比較被動（這是一種女性特質），你們之間性別氣質的差異也隨著減弱。突然間，你發現做愛再也不是一件讓人心癢難熬的事。

當你把彼此之間性別氣質的差異拉大，你們在身體上的結合感將會更強烈，親熱時也會得到更大的激情。我們的身體乃是經過完美的設計，為了要合在一起，給彼此歡樂，這時女性化與男性化的精神將會精采地互相補足。你要表現出和悅、細膩與接納。穿件女性化的睡衣很有幫助。假裝你對野心、侵略性的作法或控制一無所知也是很有效的方法。在性愛裡，你不是侵略者，而是引誘對方的人。

記住：當我們是柔和、溫順、脆弱與接納的人時，我們對丈夫比較有吸引力，因為這些特質是女人的基本特質。你的丈夫之所以跟一個女人結婚，就是因為你是一個女人——在身體上、心智上與靈性上都是——這樣的女人使他心蕩神馳。

要求就是要求

我在婚姻裡犯過一個錯誤。我對丈夫說，我覺得我們做愛的次數不夠，我希望他主動表示要跟我親熱。結果約翰立刻告訴我，他會把「跟太太做愛」寫在他的辦事清單上——就在「丟垃圾」與「給院子剪草」之間。他顯然覺得我在要求他去做這件事，而他不喜歡這樣。你可以想像得到，這種作法對於我們的性生活毫無幫助。

之後我決定掌握狀況。在一個看似恰當的時刻，我直接對他說：「我們來做愛吧！」結果又被三振出局。約翰認為我的策略就是這樣——只是想控制婚姻的性愛面。想當然耳，約翰對親熱越來越抗拒，越來越沒有興趣。

我本來以為，向他求歡（所有的男人都渴望這樣，對不對？）跟要他鋪床或要他看小孩是不一樣的。事實上，要求就是要求。

現在，對他宣布我想要做愛造成了悲慘的骨牌效應。我喜歡自己有侵略性，因為這樣讓我覺得能掌握大局，但是約翰完全被排除在外。當他沒有表現出熱情如火的模樣，我就覺得受傷，想不出他為什麼對我興趣缺缺。我既然受傷了，就更不會表現出調情、玩耍，或是性愛方面的挑逗。這種態度使得親熱的可能性大為降低。

出於極度的渴望，我決定只從他那裡接受，不去向他求歡。再者，我真的比較喜歡約翰來追求我，因為這樣讓我覺得自己很性感，有令他無法抗拒的魅力。我一言不發，決心不把他拉向我，而是努力去吸引他。

我採取比較女性化的作法後，兩人的關係開始改變。丈夫終於發現，我不再明講或暗示他該跟我溫存。約翰開始主動向我求歡，當他這麼做的時候，我才明白我為什麼這麼想控制我們的性生活。我害怕因為回應性愛的原始歡愉，而失去外表的冷靜。光是接受與回應的本能就讓我覺得六神無主。我想在事前先知道會發生什麼事，好讓我覺得安全。我無法面對突然來臨的性愛。

現在我明白，他比較喜歡追求我、喜歡看到我試圖隱藏在控制底下的東西——脆弱。如今我對他比較有吸引力，因為我是他投注感情的目標。過去我為此恐懼，現在我則滿心期待，覺得興奮不已。而以前當我宣布「來做愛吧！」時，這些感覺根本不存在。

歡愛的七個方法

我喜歡世上有男女兩性這檔子事，難道你不喜歡？

——瑟伯（James Thurber）

在我帶領的順服課程中，許多女性有類似的求歡經驗。我們都不願意被動地等候丈夫有所表示。於是我們想出一些方法，讓我們在有心情親熱時，能夠順利促成此事，而不讓丈夫覺得我們在命令他或要求他。是什麼辦法呢？我們決定讓丈夫知道我們想要與他做愛。有幾百種方法能夠讓丈夫知道這一點，每一種方法都多少有點風險。以下是幾個例子：

♡捏捏他的臂膀說：「哦，你好壯。」

♡穿上性感睡衣，到床上看書。

♡告訴他，他穿牛仔褲看起來很性感，並且捏一下他的臀部。

♡給他一個持久的熱吻，擁抱他。

♡在床上與他依偎。

♡告訴他，你今天特別有心情親熱一下。

♡脫去衣衫，跟他一起鑽進被子裡，或是跟他共浴。

行動勝於言語

告訴丈夫你們應該多做愛，遠比讓自己準備好等著接受性愛來得不那麼恐怖，因為前者使你不致把自己暴露出來，面對可能被丈夫拒絕的危險。即使他說不要，你也不會心情大壞，因為你已經穿戴好盔甲了。

從另一方面來說，一旦你穿著蕾絲內衣躺到床上，你的意圖在他面前必是顯露無遺，這時他若表現得不夠熱情，你一定非常失望。這就是「處於被動」之所以脆弱的原因，採取主動就沒有這種風險。由於這些潛在的風險，你可能寧願把時間花在閱讀報紙的訃聞，或是在網路上尋找特價的維他命，也不要等候丈夫向你求歡。

當我在性生活上學習順服，我盡力保持平靜。我努力記住自己在跟一個愛我、要我快樂的男人在一起。我告訴自己，我很安全，並把注意力放在享受被追求、被渴欲之上。我承認，這件事對我的順服形成最大考驗，但是我要自豪地說，我的新作為得到了幸福的回報。

要是丈夫發現你在期待性愛，因而對你表現出熱情的反應，你就會得到剛結婚時想要的東西——與丈夫建立性愛的親密感。這種感情也可能十分恐怖，因為真正的身體親密會讓雙方都陷入極為脆弱的狀態。但是你越是脆弱，就越有潛力表現出熱情，而熱情將帶領你走上緊密結合與極致滿足的旅程。

照顧自己

跟一個想用不一樣的方式做事的人共事，實在太棒了！

——貝婁斯（Keith Bellows）

但是，要是丈夫並不像你所期待地前來求歡，那該怎麼辦？派蒂的經歷說明，在這種情況下，把心力放在照顧自己上面，而不去掌控局面或提出要求有多麼重要。

一天晚上，派蒂的丈夫下班回家時，她希望他向她求歡。不過派蒂曉得自己已經累了，沒有力氣來挑逗他。她什麼也沒說，只是在心中問自己，當時她需要的究竟是什麼？答案是小睡片刻，於是她說她要去睡一會兒。兩小時後，她一覺醒來，丈夫已經送孩子上床，碗也洗好了。派蒂覺得精神大振，十分感激丈夫的體貼。丈夫上床後，他就向她求歡，結果皆大歡喜。

要是派蒂沒有睡一下，她會過於疲累，沒有體力做愛。要是她主動求歡，丈夫或許會覺得她在控制他，因而感到不快。這個經驗的道理是，就像在每一種順服的功課裡一樣，你都要把自己的需求放下、把操縱的心情放下，順其自然地靜靜等候。

chapter

20

歡迎性生活

Say Yes to Sex

已經夠了，夠了就算太多！

—伯普耶（Popeye）

婚姻合約中包括一項協定——夫妻間彼此特有的性關係。這代表你應在婚姻中以身體展現親密關係，履行你的婚姻責任。

不論你覺得自己喜不喜歡性生活，都要讓自己準備好與丈夫溫存，最少每星期一次。

如果你發現自己把性生活視爲苦差事，能避則避，就得問自己需要什麼才能培養做愛的情緒。別忘了：就像其他順服的功課一樣，你應該對丈夫坦承你的需求。在性方面成爲順服的妻子意味著你盡到妻子的責任，維持健康的性關係，定期與丈夫共享魚水之歡。

極少有夫妻雙方同時對性生活頻率完全滿意的婚姻。在伍迪・艾倫執導的電影〈安妮・霍爾〉中，伍迪・艾倫飾演的男主角對心理醫師抱怨，他們夫妻幾乎不做愛——一週只有兩、三次。同一時刻，他的妻子也對自己的心理醫師發牢騷，覺得老是在做那檔事——一週兩次、甚至三次！

婚姻中的性是一種最神聖的自我提醒。當夫妻雙方彼此能量交融、靈肉合一，奇妙而不可言傳的體驗隨之而來。

在婚姻生活的其他層面順服將對你的性生活產生魔力般的影響。這是相互的，你在臥室之內順服，同樣對婚姻生活發揮巨大的正面力量。有幾個原因可以解釋：首先，男人並不想和他們的老媽上床，當我們表現出控制慾和大權在握的模樣時，自然令老公聯想到嘮叨老媽。另一方面，當妻子放棄控制何時、何地、如何進行性生活時，她更能夠專心享受接受的樂趣，並展現柔弱的一面。

如此一來，男性的丈夫氣概油然而生，他更想對妻子展現溫柔與慷慨，男性越對妻子細心呵護，女性越感受到愉悅和滿足。如果她不吝表達謝意，受到賞識的男性在婚姻之床上極可能付出更多體貼。

假如你認為這只是紙上談兵，對你的實際狀況毫無幫助，不妨鼓起勇氣，試試看。這種熱情、夫妻雙方皆愉悅滿足的性關係並非如想像般遙不可及。

健康成人的性反應涵括對性生活的期待。如果你既不享受、又不期待與丈夫做愛，一定是哪裡出了錯。就像你失去食慾時應該檢查身體健康是不是亮紅燈一樣，失去性慾也是一個告訴你哪裡出岔的指標，你應該盡所能治療。一旦自己已經變得更好時，你一定能感覺到，因為你會發現性慾恢復正常了。

也許忽然失去性慾是因為你對丈夫滿懷憤恨與怒意；也許是身體狀況讓你提不起勁；也或者是過去的情感創傷阻礙了你正常的慾望。不論問題根源何在，對症下藥，徹底根治對增進親密關係非常重要。以下說明一些讓女性失去性慾的重要原因。

幾個常見的抱怨

愛我的女人就是美麗的女人。

——威爾遜（Sloan Wilson）

抱怨一：「我沒有心情」

我常聽女性說她們「沒有心情」做愛。這並不是一個在婚姻之床上拒絕丈夫的好理由。情緒來來去去，而且我相信你也知道，一開始做愛時提不起勁並不表示結束時仍然懶洋洋。

你當然對自己的身體有選擇權。但是，既然你正在追求增進夫妻親密感，那麼不管自己是否有心情親熱，當丈夫要求溫存時，最少一週一次對老公說：「好。」為什麼要放棄這麼一個和丈夫身體親密的好機會呢？畢竟，身體親密也是整體親密感重要的一環。樂意和丈夫做愛有助於讓他感覺自己是被愛的。

這並不是說你應該成為方便的腳踏墊。同意和丈夫做愛並不表示你不能先有所要求。當丈夫要求進一步親熱，我也許會回應說：「我真的很喜歡你愛撫我的背部，幫我培養情緒。」或是「我也很想要，但你得先讓我有點感覺。」我可能要求點燃燭光和薰人欲醉的精油，製造浪漫氣氛；或建議特殊的性愛姿勢。通常，丈夫都十分樂意滿足我的所求，畢竟，他總是希望我快樂。

抱怨二：「我對老公沒有親密的感覺」

如果性趣缺缺是因為在婚姻中感覺疏離，或是被責任壓得喘不過氣，你可能因為事必躬親而累垮了。工作和照顧孩子一整天後，你沒有時間培養羅曼蒂克的心情。記得嗎？當你開始釋放一些責任給丈夫承擔後，你將得到更多的精力，所以，要克服這種「累慘了，什麼感覺也沒有」的性慾缺乏，藥方之一就是練習其他的順服之道——敬重丈夫、愉悅地接受對方的付出、放棄控制、表達感激，還有最重要的是學習好好地照顧自己。一旦你決心定期與丈夫親密交歡，就會在其中發現更多樂趣——因為你可以把以前用來逃避性生活的力氣省下來，轉而花心思在表達你希望老公做些什麼，幫你更能享受性的愉悅。誰知道呢？也許做愛會成為你最喜歡做的十件事情之一。

如果你這麼想：「他從來不幫我做一點點事情，為什麼我應該配合他的需求？」記住：在長期、寂寞的疏離關係裡，沒有人是贏家。負氣的態度只會讓你們更不和諧。更糟糕的是，把性當成夫妻關係的交易籌碼實在是對這種親密關係的可怕誤用。如果你讓性成為對丈夫表現「良好」時的獎勵，而不是一種夫妻雙方共享的愉悅，那麼你就濫用了權力，同時也草率對待你自己的健康慾望。盡可能歡迎性生活是個好方法，能確保兩人陷入「性權力鬥爭」的可怕效應。

抱怨三：「我無法產生性趣」

即使你沒有對丈夫生氣，也不覺得彼此感情疏離，還是有可能因為其他因素讓你對性生活卻步。建議你去看醫生，檢查是否有健康問題。某些藥品會降低性慾，授乳期和更年期也可能令你暫時失去性慾。有時候這些問題輕易就能解決，例如改服其他藥物或是在授乳期和更年期時補充特殊荷爾蒙。

如果醫生表示，除了等待之外（例如停止哺乳、服完某種藥物，或是靜待進入更年期的另一階段），目前沒有其他方法可以處理這種狀況，那麼無論如何，我仍然建議最少每週接受一次丈夫的溫存要求。假如你並不會因此感到疼痛，這和「沒心情時仍然答應做愛」的情況相差不遠。如果你拒絕性生活、逃避親密的身體聯繫，你仍然在婚姻生活中自欺欺人。如果你讓自己不在性生活缺席，誰知道呢，也許最後你會發現自己也樂在其中。記住！大聲向丈夫說出你想要什麼，讓你更能享受性生活。

治療舊日傷痕

完美的愛極爲罕見——作爲一個愛人，需要智者的精微判斷、孩童的靈活彈性、藝術家的敏銳善感、哲學家的理解力、聖者的包容心、學者的耐力，以及面對困難的不屈不撓。

——巴士卡力（Leo Buscaglia）

如果你讀到這個章節時，內心湧出一股沉重的恐懼感，也許，你在婚姻中逃避親密關係是因為想保護自己不再重蹈過去遭受性傷害留下的痛苦。若你置身這種處境，你並不孤單。

對於和丈夫做愛這件事，我同時感受到愛恨交加的矛盾情緒。我一直期望享受夫妻間身體的親密交融，但另一部分的我對性行為很排斥。當我終於誠實地和其他女性討論這種矛盾情結，才了解到許多女性都一樣：我們許多人都承受著某種和性有關的情感創傷折磨，無力感和孤立感陰魂不散地纏著我們不放。

有些女性太年輕就開始性行為，有人則是強暴、亂倫和性侵害的受害者。不論創傷的原因為何，我們有共同的後遺症：有時候，我們會不自覺地將目前的性經驗和早期的性傷害聯結在一起，因此產生巨大的焦慮感，即使是與健康、兩情相悅的伴侶在一起亦然。

簡單點說，我們害怕對自己的身體失去自主權。

我們喜歡控制在何時、何地、如何做愛，這似乎讓我們覺得比較安全。既然控制慾來自於恐懼感，安全感的重要性不言可喻。我們都表示喜歡被丈夫溫柔追求，但當我們得到了丈夫親密的對待，卻往往用力將他們一把推開，導致我們和伴侶間很難體驗到出自本能的性愉悅。舊日的自我防衛慣性使我們無法和伴侶親密聯繫，自己卻又覺得很孤單。

如果有時候丈夫啟動做愛的前奏，你卻覺得是出於責任或是壓力才有所回應，你也許還留有舊日的傷痕。如果丈夫親密地碰觸你時，你認為自己「總是」很有壓力，你應該探究自身內在的恐懼。這種恐懼和責任感說明了你正在抗拒任何肢體的親密接觸。原因可能如下：

1. 如果我親吻他，他也許會產生性慾。
2. 如果他的性慾被撩起，他會要求與我親熱。
3. 如果他要求親熱，我不能拒絕他，因為是我先挑逗他的。

4.也許我並不想和他親熱，所以如果我希望自己保有選擇的餘地。

5.我不要親吻他——最起碼，不要是這種吻法！

這種思考邏輯的問題在於，我們將同時拒絕任何感官的愉悅，像是愛撫背部、共同淋浴或只是自在嬉戲。這些不必然以做愛作為高潮頂點的親密活動也被我們全盤排除了。

如果你找出過去的性創傷，你或許需要一位溫和、安全的心理諮商師，在你回溯舊日傷口時支持你、幫助你治癒它。此時，在你扯開舊傷口、嘗試治療的過程中，你或許需要暫時停止夫妻間的性生活。

你也許會想：我不是才強調過，我們應該盡可能答應丈夫的性邀請嗎？我的確是這麼說的，但我要提出例外的情況。如果你正針對性創傷的問題看心理醫師或是參與其他治療活動，暫時停止性生活可能是必須的。

讓丈夫知道你正處理某些個人的問題，使你暫時不能與他做愛，但給他一個時限——例如三個月。承諾丈夫當你再度準備好時，你會讓他知道。謝謝他的包容，並向丈夫保證他對你的吸引力依然如昔，而你正在治療的性創傷完全與他無關。在此期間，他也許繼續會嘗試與你做愛，每一次你都要衡量自己準備好了沒有。

僅僅只是和丈夫溝通你缺乏性慾的問題就有助於增進彼此的親密感。他不用在心裡嘀咕著老婆是否永遠都會性趣索然，而會對未來充滿期盼。同樣地，要求丈夫在這種情況下支持你，開啟了他保護你的男性本能。

如果你認為丈夫不可能支持你度過難關，不妨看看吉娜的例子。

吉娜告訴老公她正在處理青春期時遭遇的性創傷，因此可能有幾個月的時間無法接受性生活。吉娜說這些話時，實在太緊張了，她雙眼盯著地板，忍著不要發抖。當她鼓足勇氣吐露心事後，鬆了一口氣，也得到了回饋，丈夫的反應如此溫柔體貼，並且告訴她，無論如何，他愛她、願意保護她。當吉娜請求老公忍耐幾個月的無性生活時，他回答：「沒問題，我辦得到。」

你很可能高興又驚訝。向丈夫坦承長期來對性的恐懼固然顯露你的弱點，但同時也表現出你對丈夫某種程度的信任與信心，激起他的榮譽感。你的勇敢表白不僅讓丈夫想要保護你免受傷害，他同時也會發現你是美麗的。

一旦得到丈夫的支持後，我鼓勵你盡快尋求協助，不論是找心理醫生、連絡網路上或社區的支持團體，或從書本找到幫助，例如《治癒的勇氣——女性如何走出童年的性創傷》（*The Courage to Heal A Guide for Women Survivors of Child Sexual Abuse*）盡你所能治療創傷，讓自己早日恢復對性的正常慾望。這就像感冒痊癒，食慾自然恢

復一樣，你的性創傷一旦痊癒，你又會再度期望自己是個令人渴望的女性。在喚回健康性慾的過程中，你只需要對自己更溫柔、鼓勵自己堅持下去。

七個關於性的迷思

我總是嚇得半死，我只是假裝自己不害怕。

——凱薩琳・赫本（Katharine Hepburn）

如果你受舊日性創傷所苦，也許你也會相信一些普遍的錯誤觀念，導致你認為自己有責任——進而有壓力——覺得永遠不能拒絕丈夫。以下是一些常見的性迷思，以及較不為人所知的事實真相——這是我從認識的女性中歸納出的結論。

迷思一：「如果我不和老公做愛，他會在其他地方另尋滿足。」

事　實：如果你的丈夫品行良好，你實在不必多慮。只要你的丈夫不是一個愛打野食的累犯，健康的男性不會因為你正在治療舊創傷、暫時停止性生活就另尋發洩管道。

如果你的丈夫過去曾有出軌的歷史，的確很難相信他會在你不便的時候保持忠實。但如果他有忠誠的能力，絕對可以熬過一段沒有性生活的日子。畢竟，一個男人不能沒有尊重和敬仰而活下去，而女性持續不斷的控制和批評對一夫一妻制的威脅遠勝於暫停性生活。

假設你目前不能和丈夫做愛，你應該給他未來的承諾。向丈夫坦承你決心與心理醫師合作，徹底治癒舊日創傷，這段時間你的痛苦太過強烈，所以希望三個月內暫停性行為。如果你開誠布公，而且讓他知道這只是短期的休止符，他不太可能利用這段時間出軌。

男性的確會因為憤怒和寂寞而作出欺騙妻子的行徑。然而，這通常只是男人想重獲男性氣概和親密感的撒手鐧。他們在長期被批評、被控制的婚姻生活中早已感到失落。男性另一個欺騙妻子的動機是他覺得也許「永遠」不可能在婚姻當中滿足性需求。然而，這兩種情況並不能使男性欺騙的行徑合理化，畢竟他們有責任信守婚誓，但這的確提醒女性要注意，我們不應該閹割丈夫的男性氣概，或是無限期地拒絕與他做愛。

當你向丈夫告白，擁有健康的性生活對你非常重要，並且計畫盡快恢復正常，你就已經在培養婚姻的親密感和信任；這遠遠不同於忽略丈夫的挫折感，或是不承諾他未來將擁有更美好的性生活。

如果你暫時不能與丈夫做愛，丈夫也許會對性更渴求。幸運的是，男人其實深諳如何在妻子不便的時候滿足自己。在遇到你之前，他可能已經過了好幾個月、甚至好幾年沒有豐富性生活的日子。與你暫停溫存不會促使他跳上另一個女人的床。當你害怕的時候，提醒自己這一點。

有些女性會因丈夫自慰而覺得受到威脅，但男性傾向於認為自慰只是一種身體本能而非不得了的性經驗。有個老笑話說：百分之九十八的男性都會自慰，而剩下的百分之二在說謊。你的丈夫極可能和大多數男性相似，甚至可能在自慰時使用色情刊物助興。但丈夫讀什麼、看什麼只是他個人的事情，與你無關。惹火的畫報女郎畢竟不是真正的血肉之軀，所以不要大驚小怪。

迷思二：「如果我和丈夫做愛，我必須努力不讓他看到我是多麼肥胖／斑點／皺紋／滿身臭汗。」

事　實：我們總是以為如果自己沒有洗過澡、做好頭髮、化好妝、噴香水，或是穿上漂亮晚禮服、佩戴相稱耳環，就沒有女性魅力。談論到外表的時候，女性對自己太嚴苛了。不論你的狀況如何，你擁有女性柔軟的曲線、味道以及一種獨特的女性特質，這吸引你的男人，他才會對你投以追逐的眼神，把握和他溫存的機會。

如果丈夫愛撫你的腹部、注視你的大腿，以手指穿過你骯髒的頭髮，試著不要畏畏縮縮。不要硬生生地阻擋在他和他所發現的樂趣之間。別擔心你聞起來的味道如何，或是你正在流汗，如果你的丈夫不在乎，為什麼你要耿耿於懷？自我意識太強對親密感是個阻礙。當你接受自己原本的模樣，你會開始感覺到自己擁有以前想像不到的魅力。

如果你拒絕他的原因是覺得自己不夠有魅力，就等於不認同這個男人的品味，而他已經以娶了你來證明他擁有絕佳的鑑賞力。你的拒絕同時也批評了他的想法，這既不敬重、也不和善。

因為自認不完美而錯過和伴侶肉體親密交流的寶貴時光，對彼此都是損失。你拒絕給丈夫取悅你的機會，也拒絕了自己享受愉悅以及在伴侶臂彎中感受美麗的機會——一切只因為你對自己的身體沒有安全感！為什麼不好好利用這個機會享受美妙時光？告訴自己：「我讓他想要我！他一定認為我性感又美麗！」即使他沒有以語言表達，他的動作也在訴說同樣的讚美。

迷思三：「如果我現在不答應和他做愛，他就不會想再碰我了。」

事　實：這是真的，一再的拒絕可能會讓丈夫受挫，但不太可能使他停止嘗試。就像人們不斷會去拉吃角子老虎機碰運氣，你的丈夫也會試著挑逗你，樂觀地希望哪天會中大獎。特別是，如果你事先已經解釋過不想有性生活的原因，並且保證不是因為他的緣故，丈夫不會將你的拒絕解讀為對他個人的反感，而會一再嘗試。另一個讓他再接再厲的原因是男性的身體構造促使他想和你做愛，本能告訴他播種的時間到了。

如果你的丈夫不再想接近你，也許更大的問題是他在臥室外受到拒絕。繼續練習敬重和順服的功課，當然，也讓你自己準備好迎接丈夫上床。

迷思四：「如果丈夫想親熱的時候我不能配合，他會不再愛我。」

事　實：他對你的愛意不是只建立在性基礎上。不論你在性行為的表現如何，你都是值得愛的女人；陷入這個迷思反映出自我價值的嚴重欠缺。不要貶低了自己最初吸引丈夫與你墜入愛河的獨特質感。你的丈夫為了許多其他的原因愛你——你照顧孩子的方式、你創造的家庭溫暖、你為他的笑話捧腹、你知道所有星座的名稱、你仰慕他的肌肉，或是你們到海灘時你挽起頭髮的樣子。

提醒自己，作為一個人，你擁有內在價值，絕非只是一個性伴侶。你的丈夫不需要只為了得到性滿足而與你共組家庭。如果只是為了性，他根本不必花那麼多力氣。

迷思五：「如果我勉強和丈夫做愛了，結果平淡無味，他會抱怨不如以前那麼美妙！」

事　實：當你降低期待的時候，也許反而能體驗到最心醉神馳的高潮。記住：做愛的重點是創造彼此肢體的親密聯繫，並顯示夫妻的婚姻關係不同於與其他朋友、家人的關係。性不會每次都燦爛輝煌，不必為自己設定不可能的高標準。

迷思六：「如果我不和他做愛，他會生氣，我也會有罪惡感。」

事　實：這可能是真的。但有一個簡單的辦法可以解決：向丈夫道歉，承認你的確在性方面對他不公允。告訴他你正在盡最大努力找出問題根源，希望徹底治癒舊創傷，你很快會再度歡迎他。

但你承擔不起罪惡感的折磨，也不必對自己嚴厲。

覺得自責是正確的，這會讓你加快重建親密感的腳步，盡快接受丈夫溫存的要求。然而，罪惡感反而會侵蝕你的力氣，阻礙追求愉悅的性生活。

迷思七：「如果我們一開始做愛，就必須滿足他，直到他達到高潮。」

事　實：過去曾受過性虐待的女性特別容易有這種想法，這是可以理解的。如果你經歷過強暴、約會強暴或是性侵害，你受到的傷害太深，這種想法已經在腦海裡根深柢固。

一些女性對性的看法太簡單，非黑即白，認為一開始親熱的話就要做到底，否則不如什麼事情都不要做。彷彿只要我們默認一個親吻、開始寬衣或是過了某些象徵性行為開展的前奏，就再也不能回頭。

如果你的丈夫是我們在第一章裡描述的那種好先生，那麼他不會是那種強迫你的討厭鬼。你要提醒自己他永遠不會這麼對你。如果你要求一個好人（像你的老公）在做愛途中暫停，他或許會抗議，卻不會強暴你。我曾要求「順服互助圈」的女性友人做一次實驗，我也建議你試一次看看，這可以證明你是自己身體的主人。一旦我們有了證據，知道自己總是有選擇權，我們就更容易答應丈夫的要求，並擁有內心所渴望的身體親密。事實上，在做愛的過程中，你可以選擇繼續下去或停止，了解到這一點能幫助你投入做愛時感覺更自由。

我和數百位女性討論過，其中有部分女性坦承缺乏性慾，她們大多數同意第七點迷思。太多女性因受過性虐待而導致創傷。

換言之，你不是孤單的。但你必須為自己的治療之旅扛起責任，特別是如果你正責怪丈夫害你缺乏性慾。例如，有些女性向我抱怨丈夫需索過度——彷彿這是一個問題似的。她們很驚訝我的反應竟是：「這好極了啊！」我認為，他的行為證明他有健康男性的衝動，而且他沒有把你看成是他的老媽，丈夫仍然受你吸引，這全都是好消息！

治療舊日的性創傷需要極大的勇氣，但如果第一個「順服互助圈」的女性辦得到，你也一定可以。你值得擁有這份自由，和承諾與你共度一生的男人盡情享受性的愉悅。所以，別讓恐懼和舊傷口阻礙你的道路。再也沒有比和此生真愛的伴侶共達肉體親密的高潮，更能讓你感受到自己的女性化，或是丈夫的男性氣概的了。

chapter

21

絕對不要自暴自棄

Never Eat Worms

不能原諒自己的人多麼不快樂啊！

—賽魯士（Publius Syrus）

只要每次你開始侮辱自己、責怪自己多麼難相處、對丈夫太壞或是順服的功課做得多麼糟糕，就馬上停止負面思考，給自己一點讚美。

學步期的孩子絆倒的時候，你不可能對他破口大罵；因此當你學習順服時，不要對自己太嚴苛。相反地，肯定你的進步，給自己一些鼓勵。

當我開始順服，立即意識到我做了所有我希望自己不要去做的事情——但我不可能這麼快就改頭換面啊！這讓我覺得糟透了，我想衝出家門，吃點蟲子懲罰自己。我把這種情緒稱為「吃蟲症候群」。如果你不能徹底停止控制丈夫（其實沒有任何妻子做得到），每次你犯了錯，在悲傷浪潮的頂端你首先感受到的是羞愧。

有個類似的例子：假設你發現自己對乳製品過敏，吃了就會不舒服。你決心放棄牛奶、起司、冰淇淋以免消化不良，即使這些都是你的最愛。

第二天早上你起床時，出於習慣，給自己倒了一碗穀物麥片和牛奶，就在喝第一口的當兒，你想起自己不能再喝牛奶。既然你最喜歡、最舒服的早餐已經到了嘴邊，你決定明天再實施新飲食計畫。但當你一邊嚼著穀物麥片，一邊吞嚥香甜的牛奶，感覺再也不同了。伴隨每一口食物，自責感洶湧而來：「我正在害自己生病！」你自責，告訴自己停下來，馬上就應該住口，但你辦不到。最起碼，此刻不行。

現在你陷入完全的悲慘狀態了。你放縱自我享受舊日的口腹之慾，又因為罪惡感不能安心品嚐。你知道對你有益的新訊息，但不能付諸實現。你將無一刻安寧，除非徹底放棄乳製品或是找到其他解決方案。

這和學習順服一樣，看到前方的道路是由親密感鋪成的，你並不必然會有勇氣立刻駛向這條寬闊的高速公路。相反地，這只會讓你看出自己又犯了不敬重丈夫的毛病，每次想到應該停止錯誤行為時，便自責不已。沒有任何人能夠完美地順服，或是一開始就做得很好。只要你能正確解讀自己的行為，知道如何採取行動改變，就是一大進展。這簡直是酷刑，每次你又對丈夫不尊重、批評、貶損、蔑視時，腦海中馬上出現一塊巨大的告示板，閃著燈警告你：「看吧！你又明知故犯了！」有些人內心尖叫著傷害自己：「怎麼會有人娶你這種人！」、「你真是個糟糕的妻子！」、「你這個人怎麼那麼難相處！」

當你聽到腦海中出現這種聲音時，記住：這種內在譴責大錯特錯。

你的丈夫真心想與你為偶，否則他早在許久之前就離去。一個糟糕的妻子永遠不會想到展開順服的旅程。責怪自己難相處則是貶抑你所有的優點。順服只是幫助你在重建婚姻親密感的同時，對身為女性和妻子感覺更好。不要讓腦海裡的負面聲音告訴你自己有多糟，這完全不對。

如同其他習慣的養成，你越練習順服的功課，它就會逐漸成為你的第二天性。你的控制慾望會減低，批評丈夫的熱度會消退。你出自真誠地敬重丈夫。但你仍然不可能完美。

有些日子你會覺得受夠了、煩透了，完全失去控制。順服和你其他的生活習慣並無二致。例如，你每天固定會把鑰匙掛進同樣的吊勾裡，避免搞丟；有時候你卻會一時失神，忘記這麼做，鑰匙果然失去蹤影。

生活並非總是完美無瑕，沒有任何一個好習慣永不出錯。畢竟，多數時間你仍輕易地找到好好地掛在吊鉤裡的鑰匙。順服也是一樣。即使你不能做得很完美，你仍然會過得比之前更好、更快樂、更有尊嚴，夫妻也變得更親密。

啟動腦海中的正面聲音

永遠都還有進步的空間。你知道——這是全屋子裡最大的空間。

——勒柏（Louise Heath Leber）

不論你做得有多糟，不要蹧蹋自己。你的腦袋裡同時要開展太多事情，負面的內在對話可能成為一列奔逃的列車，讓你失控。當你開始用言語刺傷自己時，立刻對自己道歉，你可以這麼說：「你有許多美好的優點，像是絕佳的幽默感（或是其他任何眞實的優點）。你的順服工作已經有進步了，你做得很棒。我並不期望你一切完美。」

大聲地說、理直氣壯地說。你可能覺得這樣蠢透了，但反正有些人認為所有關於順服的想法都愚蠢無比！既然總是逃不了被譏愚蠢，何不對自己慈悲一些？

該鼓勵就要鼓勵

任何改變——即使是好的改變——也總是伴隨著不安和痛苦。

——貝內特（Arnold Bennett）

當我告訴某些女性要對自己道歉，她們不遺餘力地對我解釋她們「真的」做得不好。她們告訴我每次前進一步就又退後十步，還說自己是多麼惡劣和恐怖。

只要你曾經有一次為不尊重丈夫向他致歉；只要你有一次忍下對他的批評；只要你有一次依循他的想法；只要你有一次讓他幫你解決問題；只要你有一次真誠表達謝意，你就已經開始順服。即使之後你發他脾氣、斥責他、不理會他十餘次，你仍然已經開始順服。

為你完成的事情肯定自我。

承認自己已經採取行動改變過去的生活，鼓勵自己明天再接再厲。

如果你繼續順服，並且盡全力支持自己，明天一定會不一樣。不要每次說出後悔的話就痛打自己。你已有了新的體會，適時地對自己致歉並且肯定你的改變。想想看，有多少人因為害怕改變現狀或是害怕隨之而來的麻煩，對新訊息置之不理。你卻

不然，奮勇前進面對轉變造成的大混亂，這多麼勇敢啊！
即使你還沒有採取其他行動，拿到這本書也算是進步。給自己拍拍肩膀，繼續閱讀吧！

避免其他陷阱

我們如果不改變就無法成長；如果我們不能成長就不算眞正活著。

——希伊（Gail Sheehy）

還有其他陷阱要注意。如果你像我一樣，把新的行為模式與舊日習慣做比較，你會感受到深層的哀傷。一旦你開始順服，即使只進展一點點，也會開始看清昔日自己恐怖的一面。

瑪格麗特和丈夫葛倫到一家半自助式的中國餐館用餐時，她忽然頓悟這點。他們先到櫃檯點菜，服務生送菜到桌邊，但客人要自己把空盤子送到出口處的餐檯，因此，瑪格麗特以前都拒絕留下小費。順服之後，葛倫再次提出給小費的主意，她聳聳肩膀說：「隨你處理。」他留下小費。那一瞬間，瑪格麗特了解到過去許多次用餐後，葛倫可能都很想給小費，但他不敢，因為害怕妻子不贊同。

「從這個新觀點，我覺得自己以前每件事都獨斷地可怕！」她告訴我。

當我看到自己順服後不久，約翰迅速辭掉四年來他厭惡不已的舊職，並找到一份更喜歡、待遇更高的工作時，我經歷和瑪格麗特同樣的感受。約翰曾為辭職與否猶豫許久，因為他顧慮到我對家庭經濟的擔憂。我恍然大悟，自己的恐懼感阻礙了丈夫的改變。

當然，我們的丈夫如果真的很想要做某件事情，他們大可以採取不同的作法。但是，這等於和這個世界上對他們最重要的人唱反調。當你了解自己一直阻礙最好的朋友和最親密的伴侶去做能讓他們開心的事情——不論大事或小事，這真的很悲哀。但不論你對過去的行為多麼悔恨，如今都不應沈迷於罪惡感中，這是無意義地能量消耗。

知名的藝術評論家以及世上最聰慧的女性之一——班克特（Wendy Beckett）修女在一次訪問中告訴莫意斯（Bill Moyers）：「我不認為真誠的人有必要為罪惡感保留空間……，懺悔可以，罪惡感就不需要了。懺悔代表告訴上帝，你為發生的事情深感歉意，未來絕不重蹈覆轍，然後重新開始，你不再對自己造成危害。罪惡感代表你不斷責罵自己，始終無法平靜。你鞭斥自己的胸膛，自我執念太深。罪惡感是一個陷阱，人們喜愛罪惡感，因為他們覺得如果受的折磨夠多，就能為自己犯的過錯贖罪。

然而，這就像跌進水坑、水花四濺般。做錯了，懺悔，然後往前走，這就夠了。人們應該放棄罪惡感的樂趣。」

下一次，如果你發現自己又想要吞下一大盤蟲子，就下決心放棄罪惡感帶來的滿足吧！

chapter

22

不要放煙幕彈

Ignore the Red Herring

丈夫實在是難纏的東西，即使泡在熱水裡，也無法讓他們軟化半分。

— 巴克來（Mary Buckley）

當你想要控制的衝動又開始占上風時，這就是一個線索，提醒你應該好好檢視自己的感覺了。碰到自己又爲丈夫把碗盤在洗碗機裡排得亂七八糟而耿耿於懷時，問自己：此刻觸動警鈴的眞正原因何在？打電話給朋友，直到你釐清問題癥結，但不要攻擊丈夫。

同樣地，如果你打算跟老公攤牌，告訴他哪些事情令你生氣或不開心，先和一個朋友「演練」你的表達方式。檢視一下，自己在傳遞這些訊息時，是否能表達出你受到傷害和難過的感覺，而非強調憤怒的情緒。練習釋放訊息的技巧，讓你能夠針對主題和丈夫溝通，而不是丟出一堆煙幕彈，模糊了眞正的重點。

偵探小說裡，作者經常故布疑陣，放出誤導的訊息，讓探長摸不著頭緒。學習順服讓我了解到，許多控制約翰的動作——不論是納悶他為什麼遲遲還不開始處理報稅的事情，或是害怕他慢吞吞，可能會來不及——其實都是一種煙幕彈，阻礙我看清楚哪些事情正在困擾自己的生活。

例如，我可能正為截稿期逼近而焦慮，或者為流失一個客戶而難過。也可能我正為被老朋友傷害感情而情緒低落，或只是太累了。有時候我藉著控制約翰來轉移焦慮

的情緒。

現在我學會自己面對問題。當我開始想著約翰又做了哪些惹惱我的事情時，我學會向內自我省察。即使無法找出困擾我的真正原因，起碼我會把無辜的約翰從嫌疑犯的名單剔除。

當你面臨某種無力感的窘境時，可能導致你產生想安排別人生活的衝動。面對別人的缺點總比正視自己的短處簡單，而且站在旁觀者的立場，總覺得別人的問題比較容易修正。不幸的是，這種「修正」丈夫的方法不僅妨礙親密關係，還會刺傷他。最重要的，這對解決真正的問題毫無幫助。

雪倫打電話給我，抱怨她的丈夫沒花足夠的時間陪伴女兒，我察覺到她被自己放的煙幕彈給誤導了。雪倫很肯定自己抓住問題的癥結，而且氣惱我提出的可能性：也許她正為自身的某個問題焦慮。最後，她終於承認自己悲傷又害怕，因為她不想與失和已久的姊姊交談。這對雪倫是個艱難的課題——她寧可逃避。目光放在丈夫的缺點是轉移注意力的捷徑。

在雪倫逃避處理姊妹失和的不愉快時，她批評丈夫的行為又製造出另一個問題：丈夫因此逃避她。現在，雪倫寂寞極了，她想自暴自棄走回控制丈夫的老路，而且，她還是沒有和姊姊恢復交情。

下一次，我和雪倫談話時，她已有不同的觀點。她看清自己一直被煙幕彈——丈夫的親職責任誤導。她知道自己必須處理問題的「本尊」——她和姊姊的失和。

最後，雪倫認知到丈夫對女兒相當關心，她之前的抱怨如今看來是反應過度了。雪倫的丈夫也很支持地傾聽她如何處理與姊姊的衝突。雪倫不再有批評丈夫的衝動，或是想給老公一點顏色瞧瞧，懲罰失職於父親角色。

找出問題的本尊

> 忍一時之氣，免百日之哀。
>
> ——中國諺語

有時候，你確實有正當理由抱怨丈夫——也許他習慣性遲到、邋遢、火爆脾氣、言語尖酸，或是滿身臭味。有時候，你很想痛快地數落一頓他那惱人的壞習慣。但你如何能分辨，你是拿他的缺點轉移注意力？或是情況已經到了你非得大聲抗議的地步？

如果你發現自己為了以前不太困擾你的事情發怒，那就可能是煙幕彈；如果在你腦袋裡打轉的盡是小事情（像他不清洗用過的咖啡杯，搞得噁心極了），更可能是煙幕彈了。也許他的壞習慣真的惹惱你，但問題果真嚴重到你必須譏刺他、搞到他對你避之唯恐不及嗎？我不認為。不要怪他，問問自己困擾你的原因可能是哪些？太疲倦？飢餓？還是沒有照顧好自己？請試著補充自己所需。

然而，如果你發現對丈夫的怨氣正在不斷吞噬你，而且不是像他老是不肯把髒襪子丟進洗衣籃之類的小事情，那麼，你的確需要開誠佈公把事情說清楚。

一旦確定排除了其他因素，而且你十分肯定丈夫出現嚴重問題，當務之急就是和其他的妻子談一談，最好是支持你在婚姻中順服的其他女性。告訴她你覺得很傷心，因為丈夫好幾個星期不和你溫存，或是他又再度貶低你，或者你再也受不了永遠一貧如洗。

你的恐懼、悲哀、傷害和憤怒，全都是真實的。不要放任它們不管，不要假裝這些情緒不存在。盡情地對自己、好友和心理醫生表達出來。如果實在找不到人傾吐，用筆宣洩你所有的情感。

如果你對丈夫的不滿感受，真切到如同你正握在手中的此書，在你決心向丈夫順服前，一定早就不分青紅皂白地對他宣洩出來了。對「某個人」傾吐真實感受有益於你的心理健康，但一古腦兒將自己的感覺對丈夫脫口而出——有些話可能是負面或傷人的——對婚姻卻不見得是好事。尖刻的語言可能在夫妻間引爆衝突、拉開距離。因此，我建議你在婚姻外私下尋找有效的發洩管道。

換言之，不要壓抑心中的感受，這不管用。我也曾經壓抑自己，但我總是提醒自己這些強烈的情緒需要找到出口。你不能希望它們自行離去或置之不理；你越深入問題核心，越能了解自己和你的婚姻。

如果你不認識任何也在練習順服的妻子，上網到留言板來，描述你的狀況，請求協助，你會發現珍貴的智慧和同理心。

有條有理地溝通

> 很少有人在稱斤論兩別人的缺點時，不把自己的大拇指一起放進去秤重的。
>
> ——藍菲德（Byron Langfeld）

顯然，有些時刻你的確需要直接向丈夫攤牌。但學習如何清晰地溝通將令你傳遞訊息時有效十倍。第一步當然是把煙幕彈和真正的問題區隔開來。既然大多數控制型的妻子容易犯的錯是：話說得太多了，結果不恰當的怒氣反而稀釋了真實的問題，和丈夫溝通前最好先找其他人把你的說詞釐清一遍。事先演練說辭，直到你能集中焦點、清清楚楚，不帶任何責難或羞愧。你當然不希望煙幕彈蒙蔽了問題核心。如果你的抱怨的確師出有名，大可以等到先和其他人討論過。這是學習清晰溝通的重要一步。我自己這一課也學得很艱難，畢竟，在我怒氣沖天時，片刻也不想等待，只想馬上給丈夫一點顏色瞧瞧！

珍妮的丈夫丹尼老是不能準時下班回家照顧孩子，害她每次合唱團練唱都遲到。她太生氣老公的不夠體貼，以至於想指責丹尼從來不肯支持她。按照珍妮的說法，丹尼太專注在自己身上，因此不能享受單獨和孩子相處的親子時間。

幸運地，珍妮在對老公開砲前，先和一位鄰居太太談及她的處境，討論她的挫折感。藉由說出心裡的話，珍妮了解到自己唯一介意的事情是：合唱團練習遲到。她不能指控丹尼不支持她對合唱團的熱誠，因為每次表演他都出席捧場。而且，珍妮知道，丹尼其實很期待和兒子每週共享一次「披薩之夜」，她怎麼能指責丈夫不愛與兒子相處呢？

所以，珍妮藉由和其他女性的對話，釐清思緒、集中焦點。最後，她只是很簡單地對老公說：「你每次禮拜二晚上回家太晚，令我很失望，因為我會來不及練唱。」說完，珍妮就出門去參加合唱團活動了，什麼也不多說。

稍晚珍妮練完唱回家時，仍然陶醉在優美的和聲裡，丹尼則是悶悶不樂。他試探了好幾次，尋求熟悉的大吵一頓，好讓他自己安心。但是珍妮心情太好了，拒絕和他演雙簧，而且阻止丹尼的自我批評如「我是輸家」、「我什麼事情都做不好」。相反地，珍妮告訴丈夫，她很欣賞他能提供妻子機會參與合唱團。珍妮的真誠卸下丹尼的自我武裝。他們不帶絲毫怒氣上床。

下週二，丹尼早早回家，讓珍妮有充裕的時間在合唱團暖身前到場。她深深感謝丈夫如此體貼。

如果珍妮當初開砲：「你總是這麼晚到家，我真是受夠了！」或者「為什麼你不能準時一次呢！」丹尼很可能聽不到她真實的心聲，更別提把這當一回事了。反之，兩個人可能陷在一場大戰中，誰都沒有察覺，夫妻兩人集中火力攻擊對方時，最重要的主題——讓珍妮趕上合唱團練唱——已經不見了。然而珍妮簡短卻單刀直入的一句話，促使丹尼只能思考一件事情：自己的行為。既然沒有其他的煙幕彈誤導，丹尼似乎感受到自己行為的重量。

珍妮的抱怨師出有名，經由小心地「選擇她的戰爭」，珍妮避免讓戰火升溫，而且不帶怒氣上床。這種成熟、持平、有力的溝通方式，讓丹尼聽到珍妮的感受，他如何能不被打動呢？彼此的親密感並未流失，皆大歡喜。

在你決定對丈夫發難前，先找一位有智慧的友人釐清抱怨，你會和珍妮一樣享受溝通的雙贏。

chapter

23

相信造物主的安排

Rely on a Spiritual Connection

如果有人不能與他的同伴步伐一致，也許是因為他聽到不同的鼓聲。讓他追隨自己聽到的音樂而行吧！不論那鼓聲韻律有致或是遙遠模糊。

— 梭羅（Henry David Thoreau）

不論你的信仰爲何，都要信賴你的丈夫爲神的工具，下定決心欣賞祂所創造的一切。還記得與你的丈夫相遇、相知、相愛，進而共結連理的過程是多麼神奇嗎？那份神奇今日並未減少半分，因此，不要把一切視爲理所當然。更重要的是，你信仰的神將你們引領在一起：讓倆人共同成長，成爲最好的自己。請記住：丈夫帶給你的挑戰，部分是你要學習的功課。

當你對神聖的力量有所信仰，就會相信有某個人一直看顧著你。你對丈夫順服之後，你就會相信有神聖的力量在照顧你們兩人，祂為你織出安全網，讓你即使碰到驚慌恐懼的時刻，仍能堅持順服的道路。

當你信賴神聖的力量，你就會承認，讓你力有未逮的事情是神刻意安排的考驗。你學會不再頑固，享受事情的本來面貌，你也會更為圓融隨和，不只與丈夫琴瑟和鳴，也和周遭生活環境和諧共處。

順服是神聖的象徵

我們需要發現神的存在，但祂不可能存在於嘈雜和不安中。神是靜寂的朋友，看看大自然——樹木、花朵和小草——都在寂靜中成長；再看看星辰、月亮和太陽，如何在寂靜中移動。我們需要靜默才能觸及靈魂。

——泰瑞莎修女（Mother Teresa）

執著於你能控制另一個人的幻象，就和相信你能夠控制大海的波浪一樣不合理性——最終都只會得到挫折感。放手讓這個幻象離去是一段心靈的旅程。這是學習把自己交託給宇宙中神聖力量的歷程，以及獲得接受的智慧。這段旅行需要你信賴肉眼看不見的神聖，接受世界上就是有些事情是你不可能改變的事實。

如果你自己並不具備超脫的力量，也沒有信仰，那麼對丈夫順服將是非常艱難的一步。不去信靠一個比你更偉大的力量，你也許會繼續嘗試控制身邊的每個人、每件事。畢竟，這是很合理的，如果世上你唯一能倚靠的只有自己，當然會想盡可能控制周遭的一切。

若你確信信靠的神將會供給所需的一切，你對丈夫產生經濟焦慮感時，就會提醒自己，造物主正看顧著你，每件事情都會發生在祂安排的完美時刻。如果你發現自己忍不住想糾正丈夫的親職技巧，你會想到神讓丈夫成為孩子的父親，一定自有理由，質疑丈夫和神並非你的份內功課。在你蠢蠢欲動又想批評或指導丈夫時，你能夠提醒自己，丈夫自有他的神看顧著，而你並不是祂。既然神已經在負責了，你實在沒有理由還去插手。

事實上，嘗試控制另一個人就和想控制海洋般無意義且徒勞無功，但你就是忍不住要試試看。你也許會告訴波浪平靜下來，告訴海水請它後退，但當然，這些不尋常的事情不可能發生。接著，你可能氣得跳腳、尖叫著要海洋照你說的話做，仍然得不到任何回應。你甚至於嘗試用雙手推回波浪，結果只是弄濕自己罷了。你真的被激怒了，施加更多壓力，大海依然故我，你的話只是一陣陣耳邊風，你當然不能得到片刻安寧。（這讓你想到控制丈夫的經驗嗎？）

既然你知道人類不可能對抗大自然的力量，我相信你根本不會想嘗試。當你不再想對抗波浪，你也自由了，可以轉而欣賞它壯闊的力量和炫目的美麗。你能夠盡情放鬆並享受自我。讓自己從海洋中得到滋養和活力——而不是筋疲力盡和挫折憤怒——就等於是在提醒自己造物主的力量遠高於你。

一旦知道神不需要你的協助也能完美地處理萬事萬物，你就得到寬心安慰。專注

於海水撫觸白沙的美麗，或許能幫助你記住，雖然你看不見造物主的存在，依然可以享受祂的禮物。讚歎、欣賞祂創造的美麗可能讓你感覺與神更加親近。我稱呼這為一種神聖的經驗——你在那兒感受到安全、靜謐，以及知道自己並非孤獨的、完整的平靜。誰能面對海洋的壯闊而沒有如斯感受？

大器的男人

我外出散步，山巒籠罩，峰峰相連。我無法分辨山峰的起點與終點。但當我向神禱告，祂將我往上托起，直到我能看得明晰，每件事情都浮現清晰的輪廓。

——蔣介石夫人

如果你認為敬仰（而非嘗試改變）神的創造（像是丈夫）讓你感覺神聖的存在，或許你開始可以了解順服如何讓你與神更加親近。你越加敬仰丈夫的大器以及接受他的一切，你就越能感受神的存在。你越感受到神的力量，你和祂的聯繫就越親近和真實。你對丈夫的信靠和親密正是你以行動表明對神的信靠和親密。

找出更高的力量

如果你不相信宇宙中有個偉大於你的力量呢？你應該去找一個。你應四顧張望，尋找線索。到海岸邊去，試著命令波浪迴轉；站在麥田中央要求麥穗靜止。在那兒，有同樣的力量正在看顧著你、丈夫和子女。

當我十四年前開始心靈之旅時，我必須假裝相信有個神聖的存在，即使我不能說服自己也一樣。我的童年因為太過於被漠視、懲罰和不受呵護，因此我拒絕信仰神的存在。我找不到祂的恩慈。回溯既往，我極可能把不喜歡父母親的感覺轉移到神的身上。儘管我不理會從小被教養要相信的那個神，我還是寫下自己對神聖存在的期望，我相信祂會以這種方式對我顯示祂的看顧。這真的有用。

我真誠相信：我信仰的力量是有創造力、幽默感和憐憫心的聖靈，祂透過其他的人和我自己內在的聲音證明祂的存在。祂賜與我豐厚的禮物：很棒的丈夫、漂亮的家、寫作的靈感和其他了不起的女性的友誼。我選擇自己的道路，而祂榮耀我的抉擇，即使有時這條路滿布荊棘。有時候，我會因此遭逢不愉快的情況，但祂總是在一旁指引我下一步如何走。祂知道我的悲傷，在我哭泣時撫慰我。

我在安靜和內省的時刻，最能聽見祂的聲音。當我憂慮未來的時候，很難和祂取得聯繫。但當我花時間獨處、靜坐、照顧自己、心存謝意、信靠祂會照顧我，一切似乎更順暢。在傾聽祂的日子裡，我發現更多笑聲和喜樂。祂經常告訴我這是祂為我打造的日子，要我放懷享受。我知道自己受祂珍視，而這令我安心。我對祂長存感恩，努力記住，既然祂為我打造今日，在我的眼中，今日美好無比。

chapter

24

讓他幫忙解決問題

Let Him Solve Some of Your Problems

我們很少讚美別人見識卓越，

除非他們的意見和我們相同。

—羅希福寇（La Rochefoucauld）

你的生活正碰到一些難題嗎？詢問你的丈夫該怎麼做，並準備照著他的建議進行。與其和他你來我往地討價還價，不如直接說清楚你想要什麼、不要什麼、你的感受如何，與你的極限何在。

當丈夫就在身邊，有意願也有心理準備要幫忙解決問題，爲什麼你還要一肩扛起所有的生活重擔？當你爲了讓自己過得更好而吸收丈夫的力量和智慧，承認自己不是萬事通時，只會讓你顯得更強壯，而非更軟弱。

「訓練法」是我用來控制丈夫的一種頗具殺傷力、卻沒有效果的策略。我錯誤地假設我能訓練約翰對所有問題都有正確的答案（我的答案），只要我設計好前提，一步步引導他回答，讓他只要填空就成了。當然，因此引起的夫妻摩擦不在話下。因為只要他給我「錯誤」（和我想的不一樣）的答案，我就會告訴他「正確」（我認爲對的）的答案，希望他最後開始照我的想法思考。

約翰不肯。他被我惹毛了。

以下是典型的例子：

我：你認為我們應該買一個新的熱水器嗎？（我問的是「設計」好的問題）

約翰：不必啊！舊的還可以用啊！我們可以等到出問題的時候再換新的。（他只是說出自己的想法，不經意中給我「錯誤」的答案）

我：我正在考慮我們應該現在就淘汰舊的，既然明知道它遲早要報廢，現在換新的話，可以避免發生任何危險。（我開始反駁他的想法）

約翰：這件事現在不必急啊！熱水器舊歸舊，還可以撐好一陣子啊！（他為自己的立場辯護）

我：如果非要等到整個壞掉才換新的話，簡直是自找麻煩。到時候會漏水弄濕整片地毯，搞得我們好幾天沒熱水可用。你為什麼要坐視這種災難發生？（我說難聽話刺傷他）

約翰：我不認為會這樣。

我：你最好把整件事想清楚。（我再進一步批評他）

老天！我還納悶他為什麼這麼難搞！

我之所以詢問約翰的意見並不是真的需要他的看法，而是不希望自己的立場是孤單的。我錯誤地假設，親密來自於夫妻雙方想法一致。我還希望他或許會自告奮勇採取行動，例如打電話給熱水器公司安排時間，並監督安裝過程，讓我輕輕鬆鬆，什麼都不必做。我渴求那種聽說的夫妻的親密關係——不論大小事情，透過討論來決定有助增進雙方親密。適得其反的是，這些對話只不過證明我是多麼地不尊重約翰。

約翰是個男人，這代表他的想法和我不同。感謝老天男女有別，要不然我會很無聊而且孤寂地和另一個自己過日子。真的好不容易，我費了好長一段時間才停止「訓練」約翰，而且真的尊重他明智的看法。最初，每次他說出我不贊同的意見，我心裡就一直嘀咕他真的不是值得我倚賴的人。也許，我應該和自己結婚就好了，替我們兩個省下大麻煩。

豐富的資源

當然，我不會要求丈夫幫我解決所有問題。我自己能夠應付、也能解決許多挑戰。然而，碰到某些進退維谷時刻，我發現約翰是個豐富的資源。直到順服前，我從來不知道輕而易舉可以得到援手。

像我們這樣長期控制一切的人很難適應這層轉變。我們太習慣凡事自己打點，很難伸手向丈夫求助。再加上我們凡事堅持照自己的方式進行，向來堅決獨立、不願妥協，即使嫁了一個聰明、能力強的丈夫也一樣。我們不想自暴弱點，所以不願要求丈夫協助。我們不想冒丈夫可能犯大錯的風險，或者更糟——發現丈夫不願意或是沒能力幫助我們。

順服之後，我才領悟到自己正在浪擲過去曾經珍視的寶藏：丈夫的想法。我決定努力聽從他的看法，即使自己並不欣賞也一樣。有時候，他的某些想法嚇壞了我，但經由清晰表達我的期望和感受，以及倚靠信心而行，我學會妥協並且避免破壞親密感。其他女性也有相同的經驗。

我的朋友菲碧很不開心，她希望在新家的後院種一大片整齊的草坪，但後院卻佈滿數不清的鋪道石。僱請工人把石頭移走要花一大筆錢，而她自己沒力氣抬動這一大堆石頭。所以囉！菲碧告訴丈夫她想要後院有片大草坪，問他應該怎麼處理。

菲碧私心想要僱個人開輛大卡車來把石頭搬走，希望老公會建議這個作法。但老公的意見是：不妨在社區報紙登廣告，表示只要有人負責搬運，他們樂意提供免費的鋪道石。菲碧內心對這個點子嗤之以鼻，她不相信有人會想要這些石頭。儘管如此，她還是照著丈夫的話去做。

看到廣告的人群蜂擁而來，心滿意足地把石頭鏟起帶走。一個禮拜後，菲碧的後院只剩光禿禿的泥土，正適合種下新草坪。菲碧什麼事也不必做，一毛錢也沒花。她非常欣賞丈夫這個解決的點子，不僅填補鄰近地區的道路窟窿，也是皆大歡喜的環保方案。她回憶起相愛之初她有多麼傾慕丈夫。

請記住：如果你打算詢問丈夫的意見，就要準備好傾聽他的看法而且照著做。不要因為先入為主的看法而排斥他的點子，畢竟，如果你費神詢問他的看法，又不肯採納，何必多此一舉？與其如此，不如一開始就誠實告訴他你希望怎麼做。對丈夫的建議保持開放的心靈，不要馬上就否定。認真地傾聽。

新妥協方案

> 絕對不要懷著怒氣上床——熬夜把架吵完。
>
> ——狄勒（Phyllis Diller）

為什麼以前會排斥丈夫的意見？也許你害怕他是錯的，也許你只是要保持控制，也許你根本是在「測驗」他知不知道「正確」的答案——我就是這樣。也許，你認為自己比丈夫更聰明。

尊重他的看法和信任他的意見需要同樣的勇氣。你必須了解這一點。

尊重他的看法和點子並不表示你們不能討論——但不要反駁他的想法。相反地，你應該忠實地告訴他你的感受和你要什麼。單刀直入，不耍花槍（請參考第五章）。記住：你的感受會影響丈夫的想法，如同他的意見也會影響你的感受。如果他認為你們應該等到所有油漆工作完工再更換新地毯，你卻不同意，直截了當告訴他。如果他堅持，那麼你就緩一緩再買新地毯。

舊地毯再用一、兩個月不會殺死你，但如果你明知道他的想法卻堅持獨斷獨行，這種對丈夫的輕蔑可能謀殺婚姻的親密感，這樣值得嗎？如果他聽到你真正的心意，也許會改變想法。所以，不要害怕分享你的感受。他立即的反應不必然是最佳的想法，讓彼此的對話繼續下去。

但到最後，請接受丈夫的意見。別忘了：你的目標是在婚姻中增進親密感以及逃出孤寂的陷阱。你的目標不是要每次都是做正確決定的一方，也不是你想要什麼就能得到什麼。當你和他辯得臉紅脖子粗，就是在朝錯誤的目標前進。

對我而言，服從丈夫的意見是順服旅程中最艱難的一段。我知道自己是聰明的，我不能了解，為什麼僅僅為了避免爭端就得遵循丈夫的意見？為什麼不是他來遵照我的想法，以增進親密感呢？我花了頗長一段時間憎惡「當我明明不同意，還要照著做才是對的」的看法。然而，當我開始更倚賴他的看法後，我領悟到這種新的安排其實可以看成一種協商的形式，彼此協商總比我強力壓迫他好些。例如，在我打算到洛杉磯當一個談話節目的特別來賓時，約翰與我有過以下一段協商：

他：我們應該八點從旅館出發，而不是八點半，這樣才能準時到達節目現場。（他說出自己的想法）

我：我不想那麼早出發。（我陳述自己要什麼、不要什麼）

他：可是，你很難知道從這裡到洛杉磯的交通狀況。如果因為你遲到而錯過節目是很丟臉的事情。我認為保險一點早出發比遲到道歉要好。（他說出想法）

我：這是真的，但我覺得一個半小時車程夠安全了。（我說出我的感受）

他：你也許是對的，但我覺得寧可早一點也不要冒遲到的險。

我：好吧！無所謂。我會八點鐘出發。

很明顯地，這次我順從約翰的看法。但這段對話是真正的協商。換句話說，我不是僅僅不理會他、反駁他或是批評他。我們雙方都把立場陳述清楚，我不需要和他爭論，因為我知道他考慮到了我的需求和感受。在我順服前，整段對話可能像下列的脣槍舌劍（協商少、控制多）。

他：我們應該八點從旅館出發，而不是八點半，這樣才能準時到達節目現場。

（他說出自己的想法）

我：那太可笑了！到洛杉磯不可能要那麼長的時間。（我不理會他的看法）

他：這才不可笑。有時候塞車塞得很可怕。（他爲自己辯護）

我：就算塞車，也不可能花兩個小時才到得了啊！（我反駁他）

他：你怎麼能確定？（他開始反擊我）

我：我心裡有數，讓我自己處理好嗎？（我的冷水一潑，未來他大概也不想幫任何忙了）

現在我不再凡事自己做決定，我已經為約翰創造出一片提供意見給我、不必擔心遭受攻擊的安全空間。結果，我一再欣慰發現，世界上有另一個關心我的人，殫精竭慮地為我照亮道路，讓事情更順利進行。約翰對我伸出援手時，我感受到他真誠的愛與關懷。由於我不再嘗試控制情勢，我確信他會把我的福祉置於優先。這為我們搭起最強韌的聯繫，我如此滿足愉悅，真切地感受到約翰的愛意不斷增長。我不再和他保持距離，遠遠推開他「瘋狂」的點子，而是擁抱他，欣然採納他的想法。我提醒自己，我們兩人是一個團隊，相擁面對世界。還有什麼比這樣更親密？

chapter

25

圓滑面對男性文化

Be a Diplomat in the Male Culture

「男人討論足球以避免談論他們的感覺」與「女人寧可討論感覺以逃避談論足球」並無二致。

— 坦能（Deborah Teannen）

把「多溝通」是促進親密關係之鑰的想法拋到腦後去！某些女性理所當然拿來討論的事情，卻讓男性談論起來很不自在。男性文化中，討論心中的感覺並不是熱門話題。因此，行行好，不要再追問丈夫：「你的感覺如何？」但要繼續和他分享你的感受。一般而言，男性每天說的話比女性少得多，所以別期望丈夫和你一樣滔滔不絕。

事實是：你越少和丈夫溝通你的抱怨、負面想法和對他的批評，你們之間越親密、婚姻越強固。對丈夫有所保留也許讓你覺得自己不夠坦誠，但這確實是比較成熟和文明的作法。

男性自有他們的文化，若你懂得用圓滑的手腕面對，將戲劇性地改進夫妻親密關係。

也許有人告訴過你——就像我過去曾經接受過的忠告：擁有美好婚姻的不二法門就是多溝通。我認為這意味著要讓約翰與我分享他對每件所在乎的事情的感覺，當然我也會告訴他自己的想法。我巨細靡遺地說出一切，包括我不贊同他的穿衣品味、他的低級趣味以及我認為他對我們的將來不夠關心。

如果夫妻間有一些溝通是好事，那麼更多溝通不就更好嗎？

錯了！

想一想有多少你認識的夫妻是經常溝通的——他們一直溝通到進入離婚法庭還透過律師繼續溝通！回想一下所有你盡全力和伴侶「溝通」時的「對話」，有多少次到了最後彼此恨不得掐死對方。雖然我擁有大學傳播學位，嘗試了許多年努力和丈夫「溝通」，卻從未獲得我渴求的親密聯繫。

入境隨俗

記者：你對西方的文明看法如何？

甘地：我認爲那眞是個好主意。

基於某些因素，要女性對丈夫施展外交手腕比要她們入境隨俗、尊重異國的風土民情困難許多。然而我建議，如果你渴求婚姻中的和諧，最好學習敬畏男性文化。

和丈夫溝通時，首要謹記的是男性文化和女性文化截然不同。女性經常討論彼此的感覺，分享祕密、尷尬的經驗，坦言挫折和失敗；男性和哥兒們的關係簡單地多。男性寧可用行動表白，而非以言語吐露感覺。因此，當我們過度和丈夫溝通，懇求他們說出「感覺」時，他們會覺得自己好像抵達異國土地，而且是不慎步入敵人陣營，不斷被連珠炮地拷問和疲勞轟炸。

拜訪別的國家時，我會入境隨俗、尊重對方；在我學習尊重男性文化後，我和丈夫的相處也日漸平順。使用外交手腕代表你不會取笑他的文化或是對他施壓，也不會說一些讓他不自在的話。

永遠不要問男人這個問題

> 神啊！請讓我的嘴吐露有價值的語言。當我說得夠多，請輕推我的手肘提醒我。
>
> ——佚名

許多女性相信，只要運用和女性友人建立親密感的辦法——要求對方分享感受——就能和丈夫建立同樣親密的聯繫。這項策略通常以慘敗收場，因為詢問男人他們感受如何就如同詢問女人體重多少。最好的下場是：氣氛不太自在；最糟的下場是：你令她們尷尬萬分。

永遠不要追問男性他們感受如何。

在順服之前，我想設法從約翰口中逼問出他的感覺。他開始會說：「我認為……。」我會糾正他：「你的意思是，你感覺……。」他轉動眼珠子再次嘗試，絕望地想說出正確的答案好結束我的折磨。這一次，他會說：「我覺得好像是……。」我再次跳腳，告訴他：「當你說『覺得好像是……』，並不是真的感覺！」

不用說，他的反應絕非是我所渴求的溫柔吐露心聲。

結果，親密交流意外出現在我最沒有期待的時刻。像上次，約翰要我一起欣賞月全食的奇景，當他解釋月亮如何一點點消失、最後完全隱沒於陰影中時，很自然地以手臂攬著我使我保持溫暖。他不必用言語告訴我他的感覺，這份親近已不言可喻。我不必先從他口中逼問出感覺才能獲得如此珍貴時光。

親密並不等於要求丈夫對你坦露感受。你可以在丈夫的其他層面尋到親密感，請好好珍惜，不要批評，親密關係就會更平順與友善。你是女性，男性文化並非是你天生的環境，因此，置身其中永遠不可能如同「回家」般放鬆，但你可以學習運用外交手腕進退自如。

用情感表達自我

丈夫不必表達他的感受並不意味著你不應該表達自己的情感。不必管丈夫如何，放心表達自己的感受有助於你和丈夫間的討論更明晰、聯繫更有情感，並且保有女性特質。這是你給丈夫的禮物，因為男性文化中，情感不那麼外露。如何用情感的方式表達自我？例如：與其說「鄰居的狗看起來很兇狠，我覺得牠可能會攻擊小孩。」不如轉換成另一種表達：「我害怕鄰居的狗。」當他能了解你的感受時，更能聽懂你要傳遞的訊息，而不是開始和你爭辯「你認為狗可能攻擊小孩」的看法不夠理性。

順服的妻子也許會採用下列的表達方式：

♡「我害怕我們的鄰居。」（而非「我認為我們的鄰居不是個善類。」）

♡「吃完所有的巧克力讓我有罪惡感。」（而非「我知道吃太多巧克力對我不好，我不應該這麼貪吃。」）

♡「我很興奮搬到新房子。」（而非「搬到新房子對我們是大改變，以後一定很棒。」）

雖然男性不喜歡表達感受，但當我們使用表達感受的方式說話，卻能讓他們覺得更容易和我們「接得上線」。這種方式比較不像是要挑釁他們對某種情境的反應或是引起爭辯。在例子一，如果你的說法是較不帶感情的「我認為我們的鄰居不是個善類」，丈夫或許會出於本能地想要反駁你對鄰居的評論，結果兩個人為鄰居到底是不是個壞蛋大吵一頓。但說真的，誰在乎他到底是好人還是流氓？如果丈夫聽到的只是你生氣或是害怕的真實感受，並且對你表達同理心，無疑地你會快樂許多。例子二，如果丈夫聽到的只是「我知道吃太多巧克力對我不好，我不應該這麼貪吃」，他可能會幫忙想法子讓你不要吃太多巧克力——這可能很傷人，並且會把你惹毛。在實例三，他會很高興聽到你說「搬到新家很興奮」，但對「搬到新房子對我們會是大改變，以後一定很棒」的說法也許解讀成你抱怨他不能帶給你快樂。所以，保持敏銳的感受並適度表達出來是多麼重要！

說實話的藝術

所謂的禮貌是指，如何在所有眞實的想法中選擇何者應該表達出來的藝術。

——史戴爾（Madame De Stael）

事實上，有些事情你最好避免和丈夫溝通。傷人的事實和批評說得越少，夫妻越親密，婚姻越穩固。同樣的作法也適用於對待一位體重增加或是剛剪了可怕髮型的朋友——你應該運用禮貌和謹慎。

我經常聽到女性為自己缺乏圓滑手腕自我辯護：「但我沒說錯啊！他投資的那支股票真的很冒險！」或是「他居然在州長的舞會上剔牙！」

老實說，告訴丈夫實話並不一定是個好主意。當然，證明自己是對的這種感覺很好，人人都喜歡感覺自己很聰明。不可否認，能大聲地說：「看吧！我早就告訴過你了！」真是過癮。但就我的經驗，這種優越的滿足感並不值得付出以下代價：夫妻間的距離越拉越遠。如果你比較喜歡和老公在床上依偎調笑，而不是深夜爭執，這類實話還是不說為妙。如果你能在餐廳等待區對陌生人施展外交手腕，那麼你的丈夫更值得用同等的圓滑和寬容對待。

今天，我不會再問約翰對任何事情的感覺。他不喜歡，而我也從未得到想要的答案。現在我寧可注意自己的感受，並且表達出來，因為我是這段關係的女性。我問約翰，如果永遠不再有人詢問他的感覺如何，他是否反對。

我打賭你一定猜得到他的答案！

chapter

26

評估進展

Measure Your Progress

生命中的成功是由這個錯誤到下一個錯誤，

始終懷抱熱情所組成。

— 邱吉爾（Winston Churchill）

當你對成爲順服的妻子失去勇氣，並且認爲自己毫無進展時，就去尋找一些事情已在改變中的證據。丈夫最近有一些異於往常的行爲嗎？你比以前更有活力嗎？你更用心照顧自己嗎？你承擔較少的責任嗎？丈夫外表看起來不同嗎？你覺得彼此更親密嗎？寫下每一件反映出你的進步的事，而不是光記下你犯了哪些錯誤。這是爲你向前走的旅程添加燃料。

開始順服兩週後，應該開始檢視進步的成果。如果你毫無所獲，回過頭去重新省察基本步驟：你有好好照顧自己嗎？當丈夫刺傷你的情感時，你會出聲喊痛嗎？你有表達自己的慾望嗎？你是否眞的放棄了對事物的控制？

一旦丈夫覺得自己受到妻子敬重，新的力量便油然而生。結果，他可能開始做出一些以前因為怕被批評而不會做的事情。你也許覺得正在失去對丈夫的控制，你的確是，不過這是好事——即使看起來不像。

順服的第一個月對金而言簡直像是要殺了她一樣難熬。她覺得日子越過越糟糕，而不是變好。

有一天，金的老公瑞克坦承自己去看過眼科醫生，討論開刀矯正近視。金很震驚瑞克居然沒有事先和她商量，而且她已暗示過她認為手術費用太貴了。瑞克承認他刻

意隱瞞，因為不想惹金生氣或是被她控制。金覺得受到欺瞞，向我抱怨這看起來可不像是夫妻親密關係有增進。

我問金，如果瑞克瞞著她去打聽的只是割草機而不是昂貴的眼科手術，她感覺如何？她承認自己不會在乎。「真正」讓金對瑞克的「欺瞞」生氣的並非他沒有事前告知，而是老公不再像過去那般接受控制。她的沮喪不是來自於被「隱瞞」，而是來自於她「不同意」昂貴的費用和手術的風險。金仍然試著把自己的價值判斷強加在瑞克身上，卻徒勞無功。她為自己的控制慾戴上一層「被欺瞞」的面紗。

往日，瑞克也許不會去做明知老婆不批准的事情，只因為他想耳根清靜。但現在情況變了，他覺得受到敬重，產生力量，願意去冒老婆不贊同的風險。這是好事，但對金而言卻難以消受。

雖然成為順服的妻子會有立竿見影的效果——更多的時間給自己、較少的責任和較多的親密——但失去控制感可能讓你感覺得不償失。我從瑞克的行動中可以看出，金確實比過去更加敬重丈夫，但我卻很難說服金，這其實代表一種進步。儘管金的敬重態度不夠好，卻足以幫助瑞克釋放力量，並且做自己認為對的事情。如果金不先順服的話，他可能不會採取行動。瑞克單獨去看眼科醫生對夫妻兩人都是一個提醒：他已經為自己負責。

為雲霄飛車之旅繫上安全帶

人生時時刻刻都可能遇上奇蹟。

——沙克（Sark）

如果事情看起來更糟而非好轉，接下來會如何？你如何確定你的順服確實發揮作用？以下我寫下順服過程中可能發生的各種狀況，幫助你檢視自己的進展。你的經驗很可能八九不離十，但順序不見得相似。

1. 你聽到或讀到關於成為順服妻子的訊息，心裡想：「聽起來真可怕！」但縈繞不去的好奇心促使你一探究竟。你檢視自己是否出現在婚姻中控制一切的跡象，結果憂欣交集，因為你發現自己果真是操控型的妻子——幸好，你的情況不像其他女性那麼嚴重。
2. 你學習敬重丈夫，不再越俎代庖，好一段時間你把焦點放在照顧自己身上。感覺好極了，你體驗到成就感，生活更加平衡。
3. 丈夫的立即反應是不敢相信、驚訝或是驚惶失措。他不會直接說什麼，但你看得出來他在納悶你的改變。他的反應有點傷人，既然你做的事情是敬重他、信任他，不像以前那麼糟糕，為什麼他反而一副嚇壞的樣子？你是不是有點傷心？

4.你好想明白告訴丈夫：「你沒注意到我在改變嗎？」但你壓抑下來了，很明智地不多說什麼，只是繼續順服。

5.丈夫似乎迅速地和他內在的笨蛋結合成一體。你納悶他到底怎麼回事；你忿忿不平，明明已經對他那麼好了，他怎麼絲毫不見正面回饋？你了解自己正在全盤調整過去的婚姻模式，他因此失衡了，你有著固執的決心，繼續順服的功課。

6.他終於度過恐慌階段，現在你注意到他外表的改變了。別人問他是否瘦了一些或是換了新髮型，但你知道，是他散發出來的自信令外表煥然一新。你驕傲又快樂。也許最戲劇化的改變是他接手處理家中的財務問題，你不必再費心。你問朋友：「我應該要擔心嗎？他做得來嗎？」朋友說你昏了頭才會把財政大權交出去。你再詢問那些已在婚姻中順服的女性友人的看法，她們的建議是：信任丈夫。好主意！

7.這段時間以來，你覺得坐立難安、舌頭打結。既然你不再控制老公，你說的話便少多了。事實上，你懷疑自己根本無話可說。到底老夫老妻都聊些什麼？在大聲說話這麼多年之後，你領悟到，自己甚至沒有能力傾聽內在的聲音。你需要其他女性友人的支持，於是你打電話給她們，請教她們如何了解自己真正的需求。

8. 丈夫仍然抗拒新的文化。他問你該穿什麼衣服、試著把財務大權交回給你，或拋出其他的「誘餌」，逼得你幾乎上鉤。你在懸崖邊緣，覺得自己正在下滑。你不敢相信竟然嫁了這麼一個沒有腦袋的傢伙。然而，在抗拒了五次以後，第六次你上鉤了，吞下誘餌。你的心情很糟糕。

9. 這是你學習順服的第二週或第三週。你一定注意到了嶄新的親密感已經發芽，因此雀躍如孩童。他告訴你下輩子、下下輩子都想與你為偶。夫妻兩人緊握雙手，討論未來夢想，感覺親密無比，事情一帆風順。內心裡，你知道自己完成一件了不起的工作。簡直是奇蹟！

10. 丈夫再次陷入恐慌狀態，他躲進葛雷形容的「自己的洞穴」默然沈思。你好想、好想衝進去解救他，但你忍住了。你已經掌握機會肯定他是多麼棒的老公、家中的經濟支持者和好父親，現在，他正在反觀自省，歷經內在的自我變革，以跟上你的前進腳步。你希望他趕快頓悟，破繭而出，免得你一直想要問他到底哪裡不對勁。

11. 你的男人迅速將自己提升到更高的水平。他更關心你的需求、認為自己可以賺更多錢、渴望給孩子更好的親子互動。你感動又驚喜。誰知道他轉變的幅度如此之

大？你一天天更感謝他。

12. 你對順服這回事真是受夠了！對他做的每件事情都不以為然、大肆批評。你什麼也不在乎，不管丈夫怎麼做，你都覺得他快把你逼瘋了。你懷疑，順服於像他這樣的一個男人是否明智。一個朋友提醒你，這陣子你並沒有好好照顧自己。這就對了，也許好好照顧自己能幫你恢復理智。

13. 你回到出發點——心存感謝、尊敬、照顧自己。你的婚姻似乎漸入佳境、越來越有希望了。也許你不必再考慮離婚——起碼今天不必。下一次當老公刺傷你情感的時候，記得大喊：「好痛啊！」而他似乎真的很關心你的感覺。

14. 是的，情況毫無疑問在進步中。他在工作上獲得升遷或獎金。他對你和自己都深覺滿意。夫妻間總有說不完的話，你們絕對是天作之合，你搞不懂以前為什麼曾經懷疑過。

15. 你在順服與否間進進出出，有些日子像天堂，有些日子像地獄。但是，全然的順服似乎已發揮正面影響，連孩子都安靜多了。你的丈夫確實和以前不一樣了，光這一點，你就歡欣喜悅。

整個過程聽起來像不像搭雲霄飛車？我希望你了解這點很重要：順服之旅不是直

線的旅程，而是上上下下的起伏，而最終仍然往上前進。要謹記：即使你正處於階段十二，感覺糟透了，但總比處於第二階段的歡喜雀躍更為進步。

脫離常軌

> 就在你每次躊躇不前，停步正視自己面容中的恐懼時，你也獲得力量、勇氣和信心——你必須去做自己認爲不可能辦到的事情。
>
> ——羅斯福總統夫人（Eleanor Roosevelt）

那麼，你如何維繫士氣高昂？假以時日，一份日漸健康、親密和浪漫的夫妻關係會是最有力的支持力量，讓你在順服之路越走越起勁。但一開始，除了其他同為順服妻子的友人為你拍拍肩膀之外，最能顯示你已經順服的證據是：丈夫開始做一些過去不會做的事情。一位女性告訴我，她老公主動打電話給旅行社，而他以前從未策劃過一次家庭度假活動。我的老公則開始認真使用每日行事曆規劃行程，不再散漫無章。這些事情都不足以構成世界第九大奇蹟，卻都不是他們「正常」的舉止。丈夫們這類不尋常卻窩心的行動應部分歸功於他們感覺到重獲嶄新的自由。既然妻子不再動輒批評，這些男人自己學習負起責任。

接受成長的痛苦

愛的藝術大部分是堅持的藝術。

——艾理斯（Albert Ellis）

既然我看得出來丈夫的行為舉止異於往常，我理所當然地假設，別人一定也看得出來我現在不再是個悍婦，而已經成為順服的妻子了。老天！我真是大失所望！

在我順服的初期，一位親近的友人到我家裡小住。我問他：「你有發現我和以前不同嗎？」他回答：「我看不出來你的行為舉止有任何變化，但我能肯定約翰和以前不一樣，他似乎更有活力了。」

我的順服仍然不完美，不過我知道自己的言行已經改變。但是，沒有任何人為我起立鼓掌，這真是令人沮喪！特別是我已費盡九牛二虎之力改變自我。我需要別人的肯定！我要約翰對我說：「親愛的，謝謝你的順服。我知道你正在做的事情艱難無比，因此我比以前更加珍愛你。」

但事實上，夫妻雙方同時感受到成長的痛楚。

想像你們一起學習法語，頭一週你花十個小時聽錄音帶和研讀教材，週末前你已經學會一些簡單的用語。丈夫沒有像你花這麼多時間學習，所以當你試著和他做對話練習時，他瞠目結舌地看著你。搞不好，他又挫折、又生你的氣，因為你用他不了解的語言和他說話。當然，你可以改用英文和他對談，或者你應該明智地繼續堅持講法文，讓他有機會跟上你的進度。採用第一種回到母語的作法，等於繞了一圈最後又回到原點——置身於一個寂寞的婚姻當中，這並不符你的所求。然而，採用第二種作法——繼續使用不熟悉的語言，卻需要付出不可思議的耐心和信心。

我不是一個有耐心的人。不久前，約翰仍處於驚惶失措、不知道如何面對我的改變的狀態。我不耐煩了，對他開火：「你是怎麼搞的！整天不是讀報紙、看電視，就是聽廣播、打瞌睡！」然後我會以一句：「我想念你。」做結尾。會加最後這麼一句是因為我突然醒悟，自己正在努力成為順服的妻子，怎麼又硬梆梆地指責他一大串。事實上，我確實想念他：想念他的陪伴、他的風趣和他愉快的心情。當我劈哩啪啦說完後，他一臉茫然地看著我，聳聳肩膀，說他太累了，不想談話。我的哇哇叫一點益處也沒有。

很幸運地，我和一個好友討論這個問題，她提醒我何不回過頭來好好照顧自己，也給丈夫解決自己問題的空間。就在照著她的建議做後，我發現約翰似乎越來越可親。一旦他抓住要領，調整自己配合我們近來改變中的婚姻關係，事情就順利多了。

他會跟上你的步伐的

改變過程中最大的恐懼之一是：我的婚姻會失去平衡，最後仍然是我一人孤寂以終。我發現其他順服的妻子也有相同的恐懼。我們誤信：如果自己走得太快、太遠，丈夫就會落後一大截。我們因此傾向於停留在定點，即使這不是非常愉快也一樣，因為我們害怕失去婚姻，於是寧可躊躕不前。

我很高興報告個人的經驗是：不論我們走得多快、我們的成長多麼戲劇化，丈夫最終總能與我們並駕齊驅。記住：婚姻就像流水般，它會找到自己的水平。

順服的道路崛崎不平。首先，你成長了，他產生抗拒。最後他成熟到與你同步。當你開始信賴他、讓他負責許多事，他起初覺得驚惶失措，但後來越做越好。此時便是他自身力量源源湧現的時刻，而你也感受到他的成功。

當丈夫處於驚惶失措的階段時，你也許會為自己孤軍奮戰黯然神傷。你也許開始想念從前的他、從前美好的舊日時光。但別忘了：如果舊日時光真是那般美好，你不會去借、去買這本書，並且閱讀它。保持信心，繼續順服的課程，你會得到豐碩的收穫。如果你恐懼自己的婚姻正步向死亡，你可能是對的。但只要耐心灌溉，更美好、更堅韌的婚姻關係終會如花朵般綻放。

chapter

27

用剩餘的精力灌溉自己

Spend Your Energy Surplus on Yourself

浩瀚宇宙中，只有一個角落是你確信可以精益求精的，就是你自己。

— 赫胥黎（Aldous Huxley）

如果成爲順服的妻子讓你感覺自己無事可做、無話可說，這正是一個好指標，表示過去你耗費了太多寶貴時間在「不必要的情緒混亂」（Needless Emotional Turmoil，以下簡稱NET）中。現在好了，你擁有大把剩餘的時間與精力可以灌溉自己。試著回想看看，有哪些活動是你一直希望有時間去做，卻從來無法如願的？不論是從頭到尾讀完一本雜誌，看一齣不花腦筋的電視劇或是拿起畫筆畫水彩。

釋放潛藏已久的熱情會使你更具吸引力且充滿活力，有助於增進親密關係。將剩餘的精力用來灌溉自己，意義不僅在於維持你的內在平衡，更能幫助你成爲期望已久的「理想中的自我」。

順服之前，我認識的大部分妻子都耗費許多時間和精力在「不必要的情緒混亂」。一旦我們停止對丈夫不必要的憂慮，馬上發現自己出現不熟悉的、甚至是不舒服的多餘精力。

學習順服後沒多久，蘇珊現在對忽然擁有的自由時間手足無措；她沒有為自己做任何事情。卡洛則發現，既然她不必再和老公討論財務狀況，現在夫妻倆出去晚餐的時候，遍索枯腸也無話可說。諷刺的是，這兩位女性因此都經歷一種失落感。就某個角度，她們確實「失落」了某些東西：過去被一貫的偏執和持續的憂慮牢牢占領的空間，如今卻呈真空狀態。

沒有NET，生活可能徹底的無聊。你不必再告訴丈夫該做什麼事情、指導丈夫哪些事情做得不好或是告訴他「不聽老婆言、吃虧在眼前」。兩人間不再有鬥智角力或是言語激辯，少了這些，生活簡直是無聊、無聊和無聊。

適應失重狀態

想像你自己背負著一個大背包，裡面裝滿了對丈夫的NET。從結婚開始你就天天背著它，突然間，你卸下了重擔。首先，你會覺得有一點兒「失重」，出於慣性，你很想把背包撿起來，但你了解，自己內心裡也不願意整天與它為伍，因為裡面裝的東西你一點也不喜歡。所以，你決定放下它、不管它，繼續往前走。一開始也許覺得不安和驚惶，卻也有如釋重負的輕快感。一整天，當你想到自己背上已空無一物時，一陣陣輕微的痛楚在體內波動，彷彿你遺忘了某些重要的事物。

提醒自己：你本來就不應該背這個重擔的，如今卸下了真是再好不過。想想看，你現在可以做更多事情，沒有它的牽累，你可以走得多快！

當你首次體驗到不必再為丈夫的事情擔心、自己隨之釋放的多餘活力時，其他隱而未見許久的感覺浮現了：你或許察覺到，一旦和丈夫間沒什麼好爭論的，彼此再也沒有任何共同點；此外，當你把生活焦點從老公轉移到自己身上，你可能對生活的其他層面感到不滿，例如對孩子們做家事老是拖拖拉拉很不耐煩；或者你開始沮喪：為什麼過去不投注多點心思在自己的事業？你也可能會很氣惱，自己一向引以為傲的花園如今卻徹底被雜草盤據。

當你意識到生活中還有其他和丈夫無關的層面需要改進時，表示你正把焦距從老公身上轉移到自身。你不再拿他的問題困擾自己，轉而面對自身的挑戰。如果你正處於這個階段，別忘記拍拍肩膀，鼓勵自己：「學習順服的功課做得真不錯！」

一事無成的快樂

成熟的部分意義在於能夠了解：儘管我們的人生不能擁有完整的親密關係、淵博學識和權力，但自我超越、成長和親近他人都在我們咫尺之內，伸手可及。

——波克（Sissela Bok）

拍拍肩膀、鼓勵自己後，馬上開始一項新活動。做做拼布、交個新朋友；讀本小說或自己動筆寫故事；參加健身房或是小劇團活動；上一堂課或是出去旅行；到樹林或是公園散步。做任何會讓你開心或是感興趣的事情，即使這意味著你得請臨時保母或是花一筆錢都無妨。你現在又朝「照顧自己」前進一步了。不要太擔心自己「成就」了什麼，評估的標準應該放在你有多快樂，或是實現新計畫的時候內心感受如何。在我順服之前，總希望能有更多時間和四歲的姪兒喬許玩耍（因為他能提醒我不要老一板一眼過日子），以及和我的女性友人吃頓長長的午餐。現在呢，我每週都會撥時間和喬許共處，經常和女友們在壽司吧閒嗑牙，此外，我還常常睡個午覺。這些活動完全沒有生產力，但讓我開心極了。

燦爛的晚餐對談

究竟做這些讓你開心的事情和增進夫妻間的親密有什麼關係？至少，當你忙得不亦樂乎的時候，比較不會蠢蠢欲動，再度插手丈夫的事務。但更重要的是，這些新活動將重新喚醒你對生命的熱情。別忘了，餵養靈魂的養分不見得會感動丈夫，但即使他不能分享，你也一定要讓這股熱情持續下去。若你喜歡滑雪，但老公不愛，那就加入滑雪俱樂部，別錯過任何滑雪的機會；若你喜歡外國電影，但他討厭看字幕，那就找朋友一起上戲院；若你熱愛倫巴，丈夫卻討厭跳舞，那就到社區大學報名上課。當你全神投入自己的興趣時，你會是個更具吸引力和更有趣的同伴。當你覺得身心愉快，就更容易對丈夫滋生謝意和敬意，而非挑剔和嚴苛。此外，你現在會有新體驗和新故事在晚餐桌上與老公分享、交流了。

就像是額外的紅利般，自己過得開心的同時也能讓深愛的丈夫快樂。再也沒有比他看到你微笑、滿足和興奮莫名時，更能讓他覺得自己是個表現不錯的老公而且對老婆更有吸引力了。甚至於，他可能跟隨你的步伐去追求自我的熱情。這樣一來，他也會有許多有趣的話題和你在晚餐桌上共享。

發現追求事業企圖心的勇氣

除非你看重自己，否則不會看重自己的時間；除非你看重自己的時間，否則不會做任何事情好好運用光陰。

——派克（M. Scott Peck）

泰絲一停止對丈夫不必要的憂慮，她就必須面對自己逃避已久的事業企圖心：成為一位童書作家。當她首次察覺到自己多餘的精力已釋放出來時，忍不住感到一絲悲哀。除了母親身分，她的生命似乎無足輕重。泰絲決心每天投注一或兩小時寫作新的故事和為舊作做最後潤飾。

泰絲與親友分享她的作品，請大家提供改進的建議，每個人都說她的童書作品實在太棒了，鼓勵她尋求出版管道。

然而，她畏縮了。比起寄作品給出版社和經紀人等待回音的忐忑，在丈夫生活中扮演批評家可是簡單多了。聚焦在自己的熱情上帶給泰絲被拒絕的恐懼感，當她不再分心為丈夫憂慮、控制他時，泰絲被卡在面對自我的挑戰中，進退維谷。

但是當泰絲鼓起勇氣為自己的生涯冒險，她訝異地發現丈夫竟然這麼支持她。丈夫對泰絲作品的熱情和驕傲乍然提醒她，原來老公是多麼期盼她快樂。

你也許也會驚異於丈夫對你的興趣是多麼熱切地支持。一位女性發現丈夫完全不介意在家陪伴孩子，好讓她出去與友人聚會；另一位女性則為丈夫花了大部分週末時間在花園鬆土，好讓她播下花種和菜種而深深動容。我呢，對約翰願意在週六晚上和我一起充當小喬許的保母覺得非常窩心，因為他知道，小傢伙蠢蠢笨笨、天真無邪的可愛模樣能夠提振我的精神。

我文中提到的這些丈夫都是一般人，和你們的丈夫可能並無二致。看著他們深愛的女人因為發掘新的興趣和天賦而活得光彩燦爛，帶給他們無以倫比的喜悅。

所以囉！把所有的NET丟進背包，然後拋進垃圾堆去。記住：如果你發現自己懷念插手老公的事情、彼此鬥智角力的過去，你輕易就能和老公重啟戰端。然而，一旦你的生命充滿其他熱情和喜悅，這種衝動就會輕易消逝。

享受順服的甜美

愛人很深給予你力量，被愛很深給予你勇氣。

——老子

那是一個再尋常不過的日子，我恍然大悟，成為順服的妻子已經帶來成果。約翰和我外出到一間小餐廳用早餐，我感到不可思議地放鬆。約翰幫我開門——家門、車門和餐廳門。在擁擠的等候區，我那害羞的老公趨前向一對夫妻請求是否可以拿走一把空椅。他把椅子拉開讓我安穩地坐下來，然後問我：「要喝一點果汁嗎？」我微笑著說：「好的，麻煩你。」他為我端來一杯金黃新鮮的現榨果汁。

我們並沒有贏得一百萬元，天堂大門也沒有為我們開啟。但那一天，約翰和我兩個人都察覺到一種變化，我們的生活已經完全不同了，我終於能優雅從容地接受約翰的殷勤體貼，約翰則回以熱情、無微不至的照拂。我們一是陰、一是陽，我感受到陰陽調和的力量。我知道我們將不會再走回頭路。

嶄新婚姻的記號

諷刺的是，自從我開始順服、敬重我的丈夫，他似乎一天天更值得我的敬重。

結婚九週年後，我決定冠上夫姓。在舊婚姻生涯中，我一直保持娘家姓氏作為女性主義者的認同象徵。也許在某個層面，我其實不情願、甚至害怕與丈夫真正合為一體。但在我們嶄新的婚姻生活裡，我熱切希望做一些事情以代表我對約翰的深切敬重，肯定我們的親密與結合。

當然，我並不能把順服的工作做得盡善盡美，但我如今真的很高興嫁給我那美妙極了、既英俊又有能力的老公。現在，我擁有夢想已久的親密婚姻關係。

如果你也向丈夫順服，你也會得到甜美的果實。

真的。

透過互助圈，婚姻更圓滿親密

一九九八年十一月的週二下午，順服妻子互助圈第一次聚會。我邀請四位朋友——一位按摩治療師、一位老師和兩位全職母親，我們五個人一起練習成為順服妻子的要領。我邀請這些友人到家裡來，每個人帶一點吃的東西，組成一個女性互助小團體，在我們學習順服的過程中相互扶持。我非常幸運，因為順服實在是艱難的工作，難以獨力完成：相互扶持是不可或缺的要素。第一個「順服互助圈」因而誕生。

我希望本章成為你開始自己的互助圈時供你參考的手冊。每月聚會一次，不論是面對面或是透過網路連絡，即使只有另一位女性同伴，也能幫助你繼續追求更圓滿、更親密的婚姻。

安全感第一

在彼此的互助下，我們在第一個順服互助圈裡歡笑、流淚、享受美食、自由暢談，我們在此獲得安全感、治療舊創傷。從第一次聚會開始，我們結成緊密的聯繫。不管我們到達聚會場所時多麼沮喪與無助，離開時總能充滿活力和樂觀。平常日子，我們經常打電話給彼此加油打氣。

當然，如果你們希望能自在地透露彼此的問題和恐懼、錯誤和希望，首要之務是為這個團體創造一個有安全感的空間。換言之，團體中的每位女性都必須承諾，所有聚會中聽到的故事必須永遠保密。這個聚會是神聖的，不要用輕忽的態度待之。順服互助圈裡沒有批評和八卦流言生存的空間，只有正面的回應才是恰當的。

不論你練習順服的時間長短或是你認為自己所知多麼不足，你都有資格主持順服互助圈。當你開始自己第一個互助圈時，你不必知道所有的答案，因為這種團體的神奇之處不在於倚賴主持人，而是集合眾多想要改變自己、改變婚姻的女性的共同智慧。相濡以沫，你們將會發現許多問題的解決方案。

我們的順服互助圈每個月聚會一次，你們可以更頻繁。任何地方都可以聚會，只要夠隱私。不論你們是在誰家聚會，每次大家輪流當主持人。

聚會的形式不拘，但如果你希望一開始就馬上進入狀況，我提供我們團體遵循的模式和三個常做的練習，供你參考。也許你們有自己獨特的練習方法，別忘記把你們寶貴的經驗貼到網站上，讓我們也試試看。

我們每個月的聚會通常在中午十二點半開始，聊天、討論，下午兩點半以前結束。我們坐在沙發上、餐椅上，或是在地板上席地而坐。我總是刻意營造隱私的環境，有時會點上蠟燭創造莊嚴的氣氛。約翰會和他的哥兒們出去喝啤酒、吃熱狗。

順服互助圈的聚會

中午十二點四十五分。

這個模式需要一位主持人帶領大家閱讀，首先，她大聲朗讀以下的話：「哈囉！歡迎大家來到順服互助圈。你們能夠加入我一起在聚會中祈求智慧和神的引領嗎？我們很高興有這次機會能夠相聚和親密地交談。我們請求你以你的智慧、力量和愛祝福這次聚會。我們祈求獲得所需的勇氣和力量，幫助我們堅持順服的旅程，盡全力淬煉自我，在婚姻中重獲熱情、親密和寧靜。」

介紹

「歡迎來到順服互助圈。這是一個女性團體，大家在練習成為順服妻子的過程中相互扶持。請讓你們放輕鬆、盡量舒適。」

如果是第一次聚會

「讓我們從簡短的自我介紹開始。如果你願意，請很快地與大家分享你的姓名、結婚多久、孩子的年齡以及你練習成為順服妻子多久了……。讓我先開始……。」

之後的聚會

「讓我們迅速再把自己的名字輪流說一遍，我先開始……。」

傳遞問答籃

「這是『問答籃』。如果你有問題希望在聚會中提出，請把問題寫下來，我稍後會大聲讀出來。你可以簽上名字或是不具名。」

關於順服的閱讀

以下三個段落，各請一位團體成員大聲朗讀：

1.我們如何得知自己應該學習順服的功課？（這題目由我的友人克麗絲汀・哥頓歸納而成）

我們選擇成為順服妻子這條道路，以愛、支持和友誼相聚於此。我們的道路是神聖的，因此，我們把流言和批評摒棄於門外，對彼此開放心靈。我們的大門為健康而敞開，迎接身體、情感和靈魂的康健。

圓圈本來就是婚姻的古老象徵。結婚戒指提醒我們永世的承諾。圓圈標誌出一條神聖的界線——一個男人和一個女人圈住彼此，相互結合，共組一個新家庭。我們意識到，現代社會已在婚姻軌道上失去立足點。藉由神的指引，我們發現在婚姻中順服，賜給我們過去未曾得知的嶄新的自由。

身為一個順服的妻子，意味著她必須對丈夫的生活鬆手，因而讓他有可能展開自己的旅程。我們已經領悟，當妻子讓丈夫以他自己所知的方式扮演丈夫和父親的角色，婚姻運作得最好。順服是一段頌讚我們女性身分的歷程，上帝賦予女性權利，使我們得以接受生命的祝福：愛、友誼、繁衍的能力和家庭生活。只有我們放手讓丈夫在他們的男性氣質中自由挺立，我們的女性特質才得以圓滿。藉由鬆手放棄掌控丈夫，我們發現重獲精力享受許多生命的樂趣。

以下是一些徵兆，告訴我們該是學習順服的時刻了：

- 覺得自己比丈夫優越。
- 丈夫懼內或是你在丈夫背後——特別是和其他妻子聚會時——對丈夫表達輕蔑之意。
- 鼓勵其他妻子也在背後貶抑丈夫。
- 公開和私下都不夠敬重丈夫。
- 經常聽到自己說：「我告訴我老公……。」
- 相信丈夫只要凡事聽我們的指揮，一切就ＯＫ。
- 不由自主地老是找出丈夫最糟糕的一面。
- 偷聽丈夫的對話，以確定每件事情都處理得很妥當。
- 覺得家裡只有一位成人——就是自己。
- 覺得教養孩子的責任全落在自己身上。
- 幫我們的丈夫做他們明明自己有能力處理的事情。
- 時常感到憂慮和沮喪。

♡身體很疲倦，經常是慢性疾病。
♡夫妻雙方都對性生活提不起勁。
♡對丈夫的成就日益憎惡和嫉妒。
♡拒絕丈夫的禮物，直到最後他們不願再冒險送你禮物。
♡經常想像離婚或是和其他更匹配的男人生活的景象。
♡貶低我們當初嫁這個男人的理由。
♡覺得我們的需求得不到滿足已經太久了，早已失去盼望。
♡連很小的事情也不能信任丈夫有能力處理。
♡發現自己的控制慾已經大聲到聽不見上帝的聲音。

2. 我們如何著手對丈夫順服？

採取下列的行動對我的婚姻發生神奇的改變。請注意，我並不對家庭暴力下的女性或是丈夫有酒癮、藥癮或其他不良習慣的女性推薦這些做法。

我們同時發現，雖然我們經常忍不住想要告訴丈夫自己正在練習順服的功課，但結果適得其反。對丈夫大聲宣布我們正在嘗試更敬重他們，對婚姻一點幫助都沒有。

我們可以對其他的妻子敞開心胸暢談，但告訴丈夫我們正在練習順服的功課對自己沒有好處。我們不鼓勵你說，反之，只要盡你所能採取下列順服的行動：

- 控制自己不再對丈夫提出建議或是教導他們怎麼做事。
- 不再對丈夫有不恰當的期望，專注於欣賞他們的禮物。
- 和其他已婚女性討論我們的問題，得到不同角度的看法；這樣我們就不會依賴丈夫為唯一的情感支柱。
- 只要我們不小心又再度駁斥、批評或是草草打發丈夫的想法和點子，馬上為這種不敬重的行為道歉。
- 抑制自己不再要求丈夫去做我們希望他們做的事情。
- 首先要專心照顧自己，了解我們的心滿意足是家庭的快樂之鑰。
- 不要再為丈夫做一些他們有能力自己打點的事情，像是幫他們買衣服、替他們向牙醫預約時間。
- 敬重丈夫身為父職的方式，尊重他們和子女間獨特的親子關係。
- 夫妻雙方意見衝突時，聽從丈夫的想法。
- 釋放出家中的經濟大權，信賴丈夫有能力提供我們所需。
- 在性生活上滿足丈夫。
- 情感受傷時不要硬撐，我們可以喊痛，覺得寂寞時對丈夫說：「我想念你。」

心存感激時別忘了說：「真謝謝你。」

♡我們時時練習優雅有禮，並且心存感激地接受丈夫給予我們的一切。

♡跟隨丈夫的方向和引領，除非這會造成我們情感或身體的傷害。

♡明白告訴丈夫我們喜歡的衣服式樣、家庭用品、想不想要孩子、到哪裡度假等等，也允許他們為我們做這些事。

♡我們祈求智慧並細心聆聽，答案就會在耳邊響起。

3. 順服帶來轉變

當我們放棄控制丈夫，他們似乎獲得更多身為男性、丈夫和父親的驕傲。他們也會發現妻子的轉變。以下是我們竭盡所能練習順服的功課後，親身體驗到的改變。

♡我們對丈夫真誠地傾慕和敬重。

♡每當我們又開始嘮叨、抱怨和批評丈夫時，覺得自己不夠自重。

♡我們與其他女性友人發展更深刻、更令人滿足的友誼。

♡當衝突和爭執戲劇性地消失，我們的家庭重拾和諧氣氛。

♡我們發現自己付出比以前少，成就感卻比過去更高。

♡孩子對父母親表現更多的敬重，也因此更深刻地倚重父母的指引。

♡生活發生如此劇烈的變化，我們又興奮又有些害怕。

♡我們擁有更多時間放鬆自己和從事其他有趣的活動。

♡我們感受到能夠與自身的女性特質親密聯繫的愉悅。

♡讓我們憂慮的事情比以前少，感激的事情比以前多，重獲夢想已久的熱情、浪漫的婚姻關係。

♡做愛的次數更頻繁，也更令我們愉悅。

♡丈夫賺的錢比以前多，可能是找到待遇更好的新工作、也可能獲得升遷或是績效獎金。

♡我們比以前得到更多禮物。

♡我們更能覺察到神的力量正指引我們、護衛我們、得到慰藉。和神的聯繫使我們喜樂。

模式A和模式B各擇其一

模式Ａ：主持人先敘述她自己的故事直到一點半。這段時間由一位互助圈的女性敘述她的「故事」。內容可能包括她從觀察父母親的婚姻學到什麼功課、她和父親的關係、她以往約會和親密關係的模式、哪些過去的往事令她害怕，以及她嘗試控制丈夫的方法。當然，主持人也要談到她如何開始順服、順服的途徑以及最重要的——她因順服而體驗到的婚姻品質，這些有助於治癒她的舊日創傷。最後，主持人應該以期望未來和感謝現在做為結語。（注意：當你敘述自己故事的時候，最重要的是必須百分之百誠實。你必須冒險，比你願意吐露出來的展現更多自我。敘述往事可能令你困窘或甚至讓你覺得羞愧。利用這個機會讓互助團體認識你，你會驚訝於因此建立的信任感。）

這同時也是和你丈夫建立親密關係的好練習。當你和其他人分享過去的成長經驗時，你也在練習顯露自己的弱處，而這正是你在婚姻中需要的。

這段時間應以要求主持人是否願意接受其他成員的回饋做結。記住，回饋必須絕對是正面的，例如哪些經驗和你有共通點、哪些令你感動，或是為什麼你很感謝有機會聆聽她的故事。

模式B：互助團體研讀本書《順服的妻子》，一點半結束。每個團體成員大聲朗讀本書的一頁，並發表簡短的批評，最長以二、三分鐘為限。你們可以擷取特別的段落或是按照順序閱讀。

練習或討論「問答籃」到一點五十五分

這二十五分鐘選擇下頁提到的練習活動或是討論問答籃的問題。

結語（兩點鐘結束）

「我們只剩幾分鐘時間，但在結束前我有幾點事情宣布：下一次聚會的時間是在×月×日中午十二點半。你們可以彼此交換電話號碼，下一次聚會前有需要的話不妨互相聯繫。你們有其他事情要宣布嗎？」（如果採用模式A，詢問下次誰要當主持人敘述自己的故事。）

結束前靜默幾分鐘以榮耀婚姻，祈禱他人也能在家中找到安詳平靜。

三個練習活動

練習一：接受

這是關於樂意而優雅地「接受」的練習，我們接納自己獨特的一面。我們從小被教導做人應該謙虛，別人讚美時切勿得意忘形。但今天我們要練習接受對方友善的讚美，並且在人前肯定自己擁有的優點。

首先，對你左手邊的女性，花一分鐘時間思考並寫下真誠的讚美。

互助圈的每個人將輪流練習，面對左手邊的女性，雙眼真誠地注視她，給她一句讚美。接受的一方則練習坦然迎視對方的眼神，盡力接受她的讚美。我建議你只要回應：「謝謝你的美言，這是真的。」如果你說不出口，最少說一句：「多謝你的讚美。」絕對、絕對、絕對不要說任何自謙貶抑的話語。你們準備好要樂意而優雅地接受讚美了嗎？誰要先開始？

現在我要你們花一分鐘時間思考自己身體最美好的特徵，並且把它寫下來。然後大家輪流對右手邊的女性說出自己的特徵。不要小小聲地說，或是用自謙的修飾語，像「有一點」或是「還可以」；相反地，我要你們用這些形容詞大聲地讚嘆自己：「極好的」、「傑出的」、「絕佳的」和「難以置信的」，例如「我有非常佼好的面貌。」誰要先開始？

練習二：感謝

你們有五分鐘的時間寫下對丈夫的謝意。盡可能列出所有他讓你覺得感謝的大小事項。完成後，如果你願意，可以對團體成員唸出來（設定五分鐘），準備好了嗎？開始！

誰要先大聲說出對丈夫的謝意？（大家輪流）

這個練習可以轉化為送給丈夫的貼心禮物。找一本精美的空白日記或記事本，每一頁寫下「感謝清單」中的一項，用彩色鉛筆或蠟筆裝飾空白處。

練習三：放棄控制

這個練習的目的是增進你的傾聽技巧、練習放棄你的控制習慣，重新扮演家庭中的女性角色。先想一想生活中困擾你的事情，任何事情都可以，不限於夫妻關係。在團體中找一位夥伴（最好是你不太熟悉的），花五分鐘時間對她傾訴你的問題、你的關切和你的擔心，而她也會認真聆聽。盡可能不要逞強，不要害怕示弱，讓她看到你的不完美和缺點。完成以後，角色互換，換你聆聽對方的問題。

身為傾聽者，你的任務是避免打斷對方、提供建議，或是分享自己類似的經驗。你因此卸下必須要有回應的負擔，只要專注聆聽對方吐露的每個字即可。正視說話者的眼睛，讓她知道你認真看待她的話，你尊重她。

當你討論問題時，練習使用下列的字句，展露你的女性特質：

♡我做不到

♡我覺得

♡我想要

順服妻子的網路互助團體

如果你住在偏遠地區，很難找到其他女性每月聚會一次，在網路上建立互助圈是很好的替代方案，你們可以每個月透過網絡線上聚會一次。

我主持一個網站：http://www.surrenderedwife.com。透過這個網站，你可以學習如何組織順服互助圈、貼上訊息、發問，以及在布告板上分享其他順服妻子成功的故事。如果你正開始自己的互助圈，請在網站上發布連絡管道，讓住在附近的女性可以與你聯繫。你也可以在網站上收集電子郵件地址，寫信詢問其他網友的建議。和全世界正在同一條順服路上前進的女性保持聯繫能夠讓你更有力量支撐下去。我歡迎你們的意見、疑問、智慧和支持。

此外，你也可以在以下這個網頁獲得更多的支持和相關訊息：http://www.egroups.com/subscribe/surrenderedwife

別忘了：不論你的順服之旅多麼艱難，你並不孤單！

順服的妻子〔暢銷修訂版〕
The Surrendered Wife

作　　者／蘿拉・朵依爾（Laura Doyle）
譯　　者／汪芸、余宜芳
選　　書／林小鈴
主　　編／潘玉女

業務經理／羅越華
行銷經理／王維君
總 編 輯／林小鈴
發 行 人／何飛鵬
出　　版／原水文化
台北市民生東路二段141號8樓
電話：（02）2500-7008　傳真：（02）2502-7676
E-mail：H2O@cite.com.tw　部落格：http://citeh2o.pixnet.net/blog/
發　　行／英屬蓋曼群島商家庭傳媒股份有限公司城邦分公司
台北市中山區民生東路二段141號11樓
書虫客服服務專線：02-25007718；25007719
24小時傳真專線：02-25001990；25001991
服務時間：週一至週五上午09:30～12:00；下午13:30～17:00
讀者服務信箱：service@readingclub.com.tw
劃撥帳號／19863813；戶名：書虫股份有限公司
香港發行／城邦（香港）出版集團有限公司
香港灣仔駱克道193號東超商業中心1樓
電話：(852)2508-6231　傳真：(852)2578-9337
電郵：hkcite@biznetvigator.com
馬新發行／城邦（馬新）出版集團
41, Jalan Radin Anum, Bandar Baru Sri Petaling,
57000 Kuala Lumpur, Malaysia.
電話：（603）90563833　傳真：（603）90576622
電郵：services@cite.my

美術設計／吳欣樺
製版印刷／卡樂彩色製版印刷有限公司
修訂二版／2023年6月15日
定　　價／380元（紙本）　270元（電子書）

ISBN: 978-626-7268-37-7(平裝)
978-626-7268-39-1(EPUB)

國家圖書館出版品預行編目資料

順服的妻子 / 蘿拉.朵依爾(Laura Doyle)
著 ; 汪芸, 余宜芳譯. -- 修訂二版. -- 臺
北市 : 原水文化出版 : 英屬蓋曼群島商
家庭傳媒股份有限公司城邦分公司發行,
2023.06
面；　公分
譯自 : The surrendered wife
ISBN 978-626-7268-37-7(平裝)

1.CST: 婚姻 2.CST: 夫妻 3.CST: 生活指導

544.3　　　112008319